JN107595

大学生のための世界の課題発見講座

SDGs
を通じて
未来を探究する
14講

高安健一／日本経済新聞社 [共編著]
Kenichi Takayasu / Nikkei Inc.

日本能率協会マネジメントセンター

はじめに

本書の目的

　本書は，獨協大学において2021年度に開講した「新聞記者と学ぶ現代経済―SDGs未来講座」（以下，日経SDGs未来講座）の講義内容を，初年次教育用に編集したテキストである。日本経済新聞社の第一線で活躍する記者がSDGs（持続可能な開発目標）を切り口に，日本のみならず世界が直面している様々な社会問題について，豊富な取材に基づき分かりやすく解説する。

　2015年9月に国際連合で採択されたSDGsは，2030年までに達成すべき17の目標と169のターゲットで構成されている。世界には，SDGsが網羅していない分野も含めて，社会問題の解決を待ち望んでいる人々が大勢暮らしている。

　では，誰が社会問題を発見して解決するのか。生成AI（人工知能）に質問すれば，SDGsの達成に必要な実践的な方法を教えてくれるのだろうか。残念ながら，生成AIの機能はまだその域に達していない。あるべき姿に到達するためには，人間が克服すべき課題を掘り起こしたうえで，その解決策を案出し，実行する以外に方法はない。

　課題発見は決して容易ではない。課題を発見するためには，文献を狩猟し，専門家の話を聴き，現場を訪れ，仮説を設定・検証するといった一連のプロセスが絶対に欠かせない。日々の地道な努力の先に課題発見がある。

　本書では，長年にわたり専門分野の取材に従事してきた記者が，課題を発見するための手掛かりや視座を提供する。読者には，記者が取材している光景を思い浮かべながら，取材という名の旅を一緒に楽しんでもらいたい。

初年次教育としての日経 SDGs 未来講座

　課題を発見して解決する資質を備えた人材の育成に向けて，高等学校で新しい試みが始動した。2022年度より新学習指導要領の運用が始まり「総合的な学習の時間」が「総合的な探究の時間」に衣替えした。

　高校生は SDGs に限らず，様々な課題に取り組んでいる。探究活動は，①課題の設定②情報の収集③整理・分析④まとめ・表現の４つで組み立てられている。こうしたプロセスを３年間体験した世代が，2025年４月より大学に入学する。そして，SDGs の達成期限である2030年末を間近に控えた2029年４月より順次社会に巣立つ。

　大学として，この「ポスト2030世代」にどのような初年次教育を提供すべきなのか。ありがちな初年次教育は，図書館やデータベースの使い方，表計算や文書作成ソフトの習得，レポートの作成方法，プレゼンテーション技法などで構成される。残念ながら，これらの技法だけでは，課題の発見や解決に必要な資質は身につかない。新入生の問題意識を，ゼミ活動や専門科目，さらにはキャリア形成へと繋げる仕組みが必要である。

　筆者なりの試みが，新型コロナウイルス感染症が流行していた2021年度に開講した日経 SDGs 未来講座である。この講座は，埼玉県草加市にキャンパスを構える獨協大学の全学部（外国語学部，国際教養学部，経済学部，法学部）の学生が履修できる全学総合講座に配置されている。2023年度春学期は，履修登録者250人のうち228人（91.2%）が１年生であった。

　14回の授業を通じて，豊富な取材経験と専門性を兼ね備えた日本経済新聞社の記者がオムニバス方式で，SDGs を切り口に日本と世界が直面している課題を解説した。記者は SDGs の達成に向けた先進的な試みを説き，講座のコーディネーターである筆者は獨協大学の SDGs への取り組みや学生の活動事例などを紹介し，学生は講義の感想と講師への質問を提出した。感想と質問を読んで印象に残ったことは，講師が提示する現実や事実に「驚いた」と反応する学生が多いことである。この驚きこそが，問題意識の醸成や学修行動の原動力になる。

　2023年７月に実施した履修者アンケートの結果は，日経 SDGs 未来講座⁽¹⁾

が学生の SDGs への理解を深め，その後の学修活動に好影響を与えることを示唆している。「あなたの SDGs への関心は，日経 SDGs 未来講座を履修したことで，入学時よりも高まりましたか？」との質問に対し，回答した204人のうち「とてもそう思う」（69人）と「そう思う」（118人）の合計は187人（91.6％）に達した。「あなたはゼミや卒業論文で，SDGs に関連したテーマに取り組みたいですか？」との質問については，121人（59.3％）の学生が「はい」と回答した。

本書の特徴

　本書の特徴は4つある。第1は，なんといっても取材経験が豊富で専門分野の造詣が深い日本経済新聞社の記者によって，本書が執筆されたことである。SDGs に関する知識の提供はもちろんのこと，日本と世界が直面している様々な社会問題が，豊富な取材に基づき分かりやすく解説されている。各章の冒頭に要約とキーワードを配した。これにより読者はポイントを押さえたうえで本文を読み進むことができる。

　第2は，課題発見，調査報道，地域のニュースの発掘とグローバルな発信などに多くのページを割いたことである。正しい情報に基づいて課題を掘り起こし，情報を必要とする人に届ける営みが滞ると，SDGs の達成は遠のいてしまう。

　第3は，SDGs について，中立的，そして冷静な視点から論じていることである。多様な情報を集めて分析し，読者に伝えるべき事柄を厳選したうえで，ひとつひとつの章が執筆されている。

　第4は，読者が自ら考え行動するための仕掛けを2つ配置したことである。その一つが「課題発見 Tips」である。これは読者が取材に活用できる10本のコラムで構成されている。もう一つは「ポスト2030世代のための読書案内」である。執筆陣が選んだ書物を手にまちへ繰り出して，課題を掘り起こして欲しい。

本書の構成

　本書の構成は大きく2つに分けられる。第Ⅰ部のテーマは「自ら調べ，考え，行動するために必要なこと」であり，3つの章から成り立つ。第1章「社会課題の見つけ方とメディアリテラシー」では，課題の見つけ方を具体的に解説したうえで，情報の獲得と発信にあたりメディアリテラシーの向上が必須であることが強調される。

　第2章「『調査報道』最前線」では，急増しているフェイクニュース（誤情報）の見極め方や，社会としてデータを活用することの意義と危険性が提起される。

　第3章「地方事情を取材して発信する」では，地域発の課題解決策を「地域再生」を切り口に，オープンデータや映像などを駆使して国内外に発信する日本経済新聞社の取り組みが紹介される。

　第Ⅱ部のテーマは「SDGsから描き出す課題とミライ」であり，第4章から第14章までが該当する。第4章「SDGs—人類が英知を結集して解決すべき21世紀の課題群」は，第Ⅱ部のイントロダクションである。SDGsが国連で採択された背景と基本理念，世界と日本の達成状況，日本社会の在り方などが解説される。

　第5章「地球環境問題の科学と政治」では，地球環境問題のなかで温暖化防止と生物多様性保全に焦点をあて，歴史的背景や国際社会の対応を詳述する。

　第6章「科学技術で持続可能な世界を築けるのか」では，現代社会における科学と技術，そしてイノベーションの位置づけを概観し，SDGsの目標達成に向けてそれらが果たす役割を解説する。

　第7章「SDGs先端企業や自治体が変える社会」では，SDGsの目標達成のために行動を起こしたスタートアップ企業とスマートシティ化を目指す自治体が紹介される。

　第8章から第13章では，学生に身近なテーマを取り扱う。第8章「SDGsとサステナブル消費」では，サステナブル消費を理解し，地球環境問題を身近な「自分ごと」として捉え，考えることの大切さが指摘され

る。

　第9章「食料の持続可能な供給を考える」では，「農業大国」の実相から説き起こし，過剰から不足へと移行する日本の食料問題が明らかにされる。食品ロス問題は，その文脈のなかで論じられる。

　第10章「ダイバーシティはなぜ必要か」では，女性が能力を発揮できる社会にすることが，性的志向や人種など多様な属性の人が暮らしやすい社会にするための第1歩であることが述べられる。

　第11章「スポーツとSDGs—人々の『心』に訴えかける」では，スポーツとSDGsが徐々に距離を縮めていることを指摘したのちに，国内外のスポーツ団体，そして各チームの先進的な事例が紹介される。併せて，スポーツ界がSDGsに取り組む社会的意義について考察する。

　第12章「ESG投資とは何だろう」では，ESG投資に関する初歩的な情報の読み解き方が示される。ESG投資が誕生してから残高が大きく増えるまでの過程をおさらいしたうえで，生活者との関係が整理される。

　第13章「グローカル時代の地方とまちづくり」では，世界に先駆けて高齢化が進む課題先進国・日本の取り組みが，SDGsが目指す「持続可能な世界」のモデルにもなりうることを指摘する。

　終章である14章「激変する国際情勢とSDGsの理念」では，欧州が描く「人権，民主主義，法の支配を守る」理想像とSDGsが目指す世界が非常に似ていることを指摘したうえで，欧州が理想と現実の溝に悩んでいる構図が分かりやすく解説される。そして世界で不確実性が高まるなか，欧州と日本が世界秩序のアンカー役を果たすことが指摘される。章末に，「皆さんが1人1人，いまなにを行動で示すべきなのか。それを考えることが日本の未来を切り開く。」とのメッセージが添えられている。

学びに取材力を取り入れ，成果を発信

　学生時代に社会問題の解決について考えた経験は一生の財産になる。筆者は，ゼミ生と社会問題の解決を意識したPBL（プロジェクト型課題解決学習）を展開している。[(2)]　解決策を実行するまでに多くの手順を踏む必要が

ある。問題を抱えている団体や地域などが置かれている状況を改善するためには，丁寧な「取材」で背景や原因を探り出さなければならない。

データの収集・分析と議論を通じて，現状を改善するための課題を明確にしたうえで，考え抜いた解決策を計画書に落とし込む。課題設定を間違えると，的外れな解決策を実行する羽目になる。

そして，活動資金の確保に目処をつけ，行政や企業などを巻き込みながら，解決策を実行する局面に移行する。学生だけでできることには限界があり，SNS（交流サイト）の活用や冊子の配付などにより，プロジェクトに関わる情報を発信して，賛同者を募る努力も欠かせない。

ポスト2030世代が，ICT（情報通信技術）を活用しながら自分の目と足で真実を探求する取材力を高め，社会的課題を掘り起こすことを期待している。

2024年1月31日

東京スカイツリーを眺望できる埼玉県草加市の研究室にて

執筆者を代表して　高安健一

注
(1)　アンケート結果は，高安健一「獨協大学における SDGs を活用した初年次教育の試み―日経 SDGs 未来講座（2021年度〜2023年度）の概要と成果―」（『獨協経済』第117号，2024年3月号）に掲載されている。
(2)　筆者のゼミでの PBL 活動は，高安健一（2023）『半径3キロの PBL―埼玉県草加市で挑んだ SDGs 地域連携の記録』幻冬舎ルネッサンス新書，に詳しい。

目　　次

はじめに

第Ⅰ部　自ら調べ，考え，行動するために必要なこと

第1章	社会課題の見つけ方と メディアリテラシー

木村恭子

———————————— 要　旨 ————————————

1. 大学は「自ら課題を見つけ，答えを探求する場」だ。社会をより良くしよう
とする試みが，自身の人生を切り拓（ひら）く学びにつながる。

2. 社会課題を見つけるためには，未来を予測することが必要となる。その方法
には大きく分けて2つある。現在の技術やアイデアなどを基に未来を描く「プ
ロダクトアウト」と，10年，20年後の世界を見据え，その実現のための技術や
製品を発想する「マーケットイン」だ。

3. 「自分にとって理想の状況」と「現状」とのギャップが「課題」ともいえる。
そのギャップがなぜ生じているのか。問題の本質をとらえ，問題を解決する
ための道のりを考え，優先順位をつけながら実行に移していくことが，課題解決
につながる。

4. 課題を見つけ解決するためには，情報の利活用が必須となる。特にインター
ネット上で偽情報がはびこるいま，メディアを通じた情報を自分で考え理解し，
課題発見や解決のために利活用できる能力「メディアリテラシー」の習得が不
可欠だ。

5. 偽情報にだまされないと同時に，自分がその発信源になったり，拡散に加担
したりすることがないように，インターネットの特性を知ることも，メディア
リテラシーの向上につながる。

▶key words：プロダクトアウト，マーケットイン，ファクトチェック，フィル
ターバブル，エコーチェンバー

はじめに

高校では2022年度から「探究学習（総合的な探究の時間）」（探究授業）が
必修科目となった。この本を手に取った読者の中には，すでに高校時代に
探究学習で「社会課題」に取り組んだ人もいるだろう。

日本だけでなく世界にも目を転じると，戦争や飢餓といった様々な社会
課題が存在する。課題を考える際の1つの切り口が，2030年末までに達成

3

すべく国連で定められた SDGs（持続可能な開発目標）だ。

　目標は17項目にわたり，具体的には，目標4「質の高い教育をみんなに」（Quality Education），目標7「エネルギーをみんなに。そしてクリーンに」（Affordable and Clean Energy），目標14「海の豊かさを守ろう」（Life Below Water）などがある。

　いずれも重要な課題ではあるが，日本で暮らしていると，こうした課題を特段意識せずに過ごすことも可能だ。本章では，皆さん一人ひとりが課題を見つけ，それを解決することの意義とともに，課題の発見や解決にあたってのメディアの効用，さらにインターネット上で横行する偽ニュースを含む偽情報に騙されずにメディアを利活用できるためのリテラシーについて述べる。

1　社会課題に気づき解決するためには，何をしたらいいのか

1.1　社会課題を見つけ，解決する意義

　大学生の皆さんがなぜ社会課題を見つけ，解決していくべきなのか。その解を求めるにあたり，ジャーナリストで東京工業大学特命教授の池上彰氏の発言が参考になる。

　池上氏は，大学を「自ら課題を見つけ，答えを探求する場」と定義する。[1]言い換えると，大学生は，課題を見つけ解決法を探究する立場にある。

　その上で，池上氏は社会課題に気づき解決するために学んだことや活動を通じて得た体験のすべてが「生きる力」につながっていくのだと説く。社会をより良くしようとする試みが，皆さん自身の人生を切り拓く学びにつながるという意義があるという。

　また池上氏は，高校では「授業を聞き，知識を正確に理解し，覚えてきた」のに対し，大学は「これまで蓄えた知識や身につけた考え方を土台に，専攻分野の学びを主体的に深めていく」場になると語る。その結果，「大学で学ぶ若者たちは，『生徒』ではなく『学生』と呼ばれる」と解説する。

　ちなみに，「生徒」は，中国古代の後漢（ごかん）時代から「教えを受

ける者」という意味で用いられていたそうだ。「未熟」の意味が込められた「生」と，弟子を指す「徒」で，「未熟な弟子」を意味する。

　一方，「学生」の「生」は，「書生」の「生」と同様の「読書人」を謙遜した呼び方だったとの説がある。明治初期の日本では，学校で教えを受ける人はおしなべて「生徒」と言われていた。1880年代に入り，東京大学で「本科（学部）」で学ぶ生徒に限り「学生」と呼ぶようになったのが，「学生」呼称の起源といわれている。「学生」は「生徒」より上位の概念であるとの解釈が成り立つ。

　現在，小学校は「児童」，中学・高校は「生徒」，大学・高等専門学校が「学生」と呼ぶことは，学校教育法で用いられている区分だが，「学生」という文字には，「学ぶ側としての特別感」が込められているのだ。

　先行きの見えにくい時代に，「学生」として，課題を見つけ解決への道筋を探ることで，世の中および自らに明るい未来をもたらす可能性が高まるのだといえる。

1.2　課題を発見するための3ステップ

　では，社会課題を能動的に見つけるためにはどうしたらいいか。これについては，ロジカルシンキング（論理的思考法）やアート思考，デザイン思考など，いろいろな手法があり書物も出ている。

　ここではまず，課題を見つけるために必要な未来への予測の方法を紹介する。ノーベル化学賞を受賞した吉野彰・旭化成名誉フェローによる「未来を予測する方法」に関する発言が有益だ。

　「未来を予測する際には大きく2つのやり方がある。『プロダクトアウト』と『マーケットイン』という方法だ。プロダクトアウトは自身が持つ技術やアイデア，製品などを基にどんな未来を描くかということ。マーケットインは10年，20年後はこんな世界になっているはずだ，その将来像を実現するにはこんな技術や製品が必要だという発想法である。未来にはこんな職業が生まれているだろう。その職に就くには英語の勉強が必要だとか，人工知能（AI）の知識もないといけないとか。そう考えていくとなん

となく自分の将来が見えてくるのではないだろうか」

　この発言は，日本経済新聞社が2023年10月12日に東京学芸大学附属高等学校（東京・世田谷）で行った特別授業でのものだ。予測した未来をもとに，現時点で不足している技術や，将来必要になるであろうことを考え，それらを通じて課題を見つけていく手法は，大いに参考になる。

　さらに，私がこれまで取材してきたいろいろな思考法を踏まえ，単純化した３つのステップで課題を見つける方法も紹介する。

　最初のステップは「自分にとって理想の状況」を考えることだ。「将来はこうなってほしいな」と，実現可能性よりも理想を優先させるのがポイントだ。SF（science fiction）でも構わない。次のステップでは，現状がどうなっているのかを把握する。さらに最後のステップとしては，最初に考えた理想と現実とのギャップを分析する。このギャップこそが，「課題」となる。

　吉野氏の未来予測法や３ステップの考え方などを通じて，自分なりの課題解決のための思考法を見出してほしい。

1.3　課題を解決するための３ステップ

　自分なりの課題を見つけることができた次の段階として，それを解決するための方法を見出すことが必要になる。そのための３つのステップも紹介する。これも，巷にあふれる手法をかなり単純化したものだ。

　まずは，1.2の「課題を発見するための３ステップ」で明らかになったギャップを埋めるために，何が不足しているのか，必要なことは何かを考える。その上で，なぜギャップが生じているのか。何が問題なのか，といった問題の本質をとらえるよう試みる。

　問題の本質を突き詰めた後に，それを解決するための道のりを考えるのが２番目のステップとなる。現状の改善をするだけでいいのか。新しい技術が必要なのか。システムや体制の改善をすべきなのか。

　道のりを考え，やるべき事柄の優先順位をつけた上で，実行に移していくのが最後の段階だ。

皆さんの中で，課題に気づきながらも，何から手をつけたらいいかわからずモヤモヤとしている人がいたら，この３つのステップに沿って対応してみることをすすめたい。

なお，実際に専門家に取材をすると，異口同音に「ギャップはだいたいわかる。これが問題だと気づくこともできる。その課題を解決するにあたって一番大事なのは，問題の本質は何か。その本質のピックアップがきちんとできていないと解決にうまく結びつかない」と語っていた。最初のステップとなる問題の本質の把握に一番時間をかけることが肝要だ。

2　課題発見・解決のための情報利活用

2.1　情報はどこから得るか

1.2の「課題を発見するための３ステップ」で未来を予測するにも，1.3の「課題を解決するための３ステップ」で問題の本質を探究するにも，自分の頭の中で考えるだけでは十分ではない。周囲から「情報」を得るという手順が必須となる。

ただ，両親やきょうだい，親戚から得てきた家庭環境下での情報は，非常に小さいコミュニティーに限られる。大学生として暮らす周辺からの情報に広げても，同じ試験を受けて合格した同じような年代同士や，趣味が同じ人たちの集まりの中での情報では，考え方が一定の方向に偏る可能性が高い。

自分が見聞きしたり経験したりしただけでは多面的な情報を得ることが難しい。となると，次に情報を得る手段としては，いまや最も身近な媒体であるインターネットからとなる。ネット上では，自分と異なった環境で育ったり，専門が違ったり，年代が違ったり——と，多種多様な人の情報が出てくる。「こういう考え方もあるのか」「これは気づかなかったな」と新たな気づきにつながる。

日本経済新聞でも，日経電子版というネット上の情報発信メディアがある。電子版は紙というスペースの限界がないため，記事の数が多い。朝刊

と夕刊で1日に約300本の記事が掲載されているのに対し，電子版では1000本を超える。

　ネット上では情報量が多く，課題発見や解決に向けて多様な視点が得られるというメリットがあるが，その一方でデメリットもある。ネット記事におけるデメリットを含め，メディアによる情報活用にあたっての具体的な落とし穴を次に例示する。

2.2　複眼的な視点の必要性

　仮定の話として，皆さんがSDGsの中の目標2「飢餓をゼロに」（Zero Hunger）に関心を持ち，そのテーマでの課題を見つけようと，日経電子版を検索し，2022年8月24日11：00に配信された記事「昆虫食，ほぼハンバーグに進化　新たな食材開発・兵庫」が目に留まったとしよう。

　この記事は，「食」をテーマとした動画コンテンツだ。日本経済新聞とテレビ大阪やテレビ愛知などテレビ東京をキー局とする5つのネットワーク局が，地域からSDGsの解を見いだそうとする企業や自治体を動画で取り上げている。

　この動画では，世界の人口増でたんぱく質の供給不足が懸念されるなか，たんぱく質が豊富で家畜に比べて少量のエサで養殖でき，環境負荷が小さいコオロギを使った昆虫食ビジネスが注目されていると報じている。

　これを視聴した皆さんは，食糧危機の中でもたんぱく質不足が課題だと認識し，そのために食用コオロギの活用が解決法になるのではないか。また，ほかにもコオロギのように活用できる昆虫はないのか──などと思考を巡らせることだろう。

　ただ，この情報だけで突っ走ってしまうと，思わぬ壁に突き当たることになる。

　地方のある高校で食用コオロギの粉末を使った食材を給食で提供し，これをメディアが好意的に取り上げた。その数カ月後に「生徒の体調が心配だ」などとクレームが高校に寄せられ，ネットのSNS（交流サイト）でも議論となった。コオロギの粉末を提供した企業や，同様の商品を販売する

写真1-1 2022年8月24日に配信された記事

出所：『日本経済新聞』2022年8月24日配信（日経電子版）。

企業などにも批判の矛先が向く騒動があった。

　この例のように一見すると，社会的に良いと思えることであっても，ネット上では不可解な投稿が目につくケースが少なくない。思想は自由だが，中には陰謀論にたどり着く極端な人もいる。同時に，不適切な動画投稿や誹謗中傷，拡散を通じて自身が加害者となるリスクも存在する。

　ネットやSNSは，情報収集のツールとして不可欠なものとなり，日本国民全員が情報を発信できるメディアとなりうる「1億総メディア時代」に，ネットを上手に利活用しながら，課題を見つけ，解決をしていくために必要なのが，「メディアリテラシー」なのだ。

3　「メディアリテラシー」の必要性

3.1　「メディアリテラシー」とは何か

　「メディアリテラシー」の意味を語る前に，「リテラシー」（literacy）について説明したい。語源をさかのぼると，もともとは "ability to read and write"（読み書き能力）を意味していたとの説が有力だ。ただ，「メディアリテラシー」といった場合の「リテラシー」はもっと広い概念で使われて

いる。

「リテラシー」は辞書で"knowledge of a particular subject or a particular type of knowledge"との説明もある。日本語に訳すと「ある特別な課題における知識，もしくは知識における特別な型」となる。まるで禅問答のようだが，literate は「教養のある」「博識な」という意味なので，literacy は「教養のある／博識な状態」さらには「特定分野での知識やスキル」を意味するといえよう。

では，新聞やテレビなどのマスメディア，ネットを介するウェブメディア，スマートフォンなどのデバイスを主に媒介とするソーシャルメディアといった「メディア」の「リテラシー」とは，どういう意味なのか。

総務省が2002年7月に公表した『情報通信白書』では，「メディアリテラシー」を次のように定義している。

「1）メディアを主体的に読み解く能力，2）メディアにアクセスし，活用する能力，3）メディアを通じてコミュニケーションを創造する能力，特に情報の読み手との相互作用的（インタラクティブ）コミュニケーション能力が相互補完しあい，有機的に結合したものととらえることができる」

要は，メディアを通じた情報を自分で考え理解し，課題発見や解決のために活用できることを意味するといえる。さらに，いろいろな人と課題や解決法をシェアしながら前向きに世の中を良くしていくといった能力まで含まれるとも考えられる。

なぜこうしたリテラシーがメディアを利活用する際に必要になるのか。少しショッキングな事例を次に紹介する。

3.2　まん延する偽情報

2022年2月にロシアによるウクライナ侵攻が始まって以来，特にサイバー空間での偽情報が急増した。その1つが，ウクライナのゼレンスキー大統領が，同国の兵士や市民にロシア側への投降を呼びかける動画だ。

この偽動画は同年3月中旬に，サイバー攻撃を受けたとみられるウクラ

写真 1-2　2022年4月8日に配信された記事

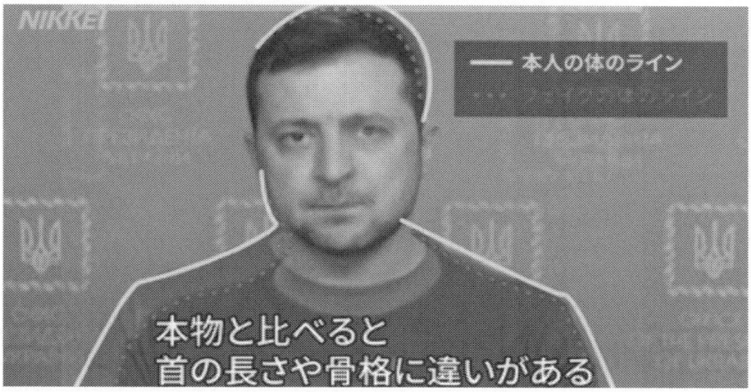

出所：『日本経済新聞』2022年4月8日公開（日経電子版）。

イナのテレビ局のウェブサイトなどから拡散し，SNS でも共有された。
AI で本物のようにみせかける「ディープフェイク」という技術が使われていたとされる。

　日本経済新聞では，編集局内の調査報道グループが，旧ソ連圏で広く使われる SNS のテレグラム上に広がった上記の動画を含めたフェイクニュースを探し出し分析した。その結果を2022年4月8日に記事「ロシア，口実捏造の軌跡」として電子版で公開した。ちなみに記事は，動画や写真，グラフなどを多用し，一目でわかりやすいビジュアルな表現でデザインしたグラフィックスで報じる手法をとっている。

　ゼレンスキー氏の偽動画では，首の長さや骨格が本人と異なり，別の人物にゼレンスキー氏の顔を合成した可能性があることがわかった。ロシアのプーチン大統領はウクライナ侵攻後，数日もすれば首都キーウを制圧し，ウクライナ政府を倒せるはずだと思い込んでいたとされる。ロシア側はそれが実現できなかった焦りから，ウクライナ国民に降伏を促す偽動画を拡散させた可能性が取り沙汰されている。

　偽情報は，先が読めない状況や世間が混乱に陥っている時にまん延しやすいとされる。戦争は，その最たる例だ。他にも新型コロナウイルス禍のような未曾有の事態や東日本大震災といった自然災害でもウソや根拠不明の情報が急増する。ネットの普及がそれを加速させる。(4)

今でさえ一見すると真偽を見分けるのが難しいケースがあるなかで，今後，ディープフェイクなどの技術が発達すれば，ますます見分けるのが困難になるだろう。偽情報に惑わされず，正しい情報を利活用できるためにも，メディアに対するリテラシーが必要なのだ。

4 「メディアリテラシー」の鍛え方

4.1 偽ニュースにだまされないための10のポイント

社会課題の発見や解決を含め，情報を正しく利活用するためには，メディアリテラシーが必要であることを理解してもらえただろうか。この項では，実際のリテラシーの鍛え方について，1つの具体例を紹介する。

米メタ（旧フェイスブック）が2020年3月にウェブサイト上に"Tips to Spot False News"と題するブログを発表した。偽情報のなかでもニュースに絞り，以下のようにその真偽を見抜くための10のポイントを列挙している。

1．Be skeptical of headlines.（見出しを疑う）：偽ニュースの見出しは，感嘆符付きの大文字でキャッチーに書かれていることが多い。見出しに信じがたいセンセーショナルな主張があれば，偽ニュースの可能性は高い。

2．Look closely at the link.（リンク先をよく見る）：多くの偽ニュースのサイトは，リンクに少しの変更を加えることで，本物のサイトをまねている。本物と偽サイトの URL を確認するのが有益だ。

3．Investigate the source.（情報源を調べる）：信頼できる情報源をもとに記事が書かれているかを確認する。見慣れない情報源であれば，その会社概要をチェックする。

4．Watch for unusual formatting.（変わった書式に注意する）：多くの偽ニュースのサイトには，つづりが間違っていたりレイアウトに違和感があったりする。

5．Consider the photos.（写真をよく確認する）：偽ニュースの記事には，加工された画像や動画が含まれていることが多い。写真や画像を検索して出所を確認する。

6．Inspect the dates.（日付をくわしく調べる）：偽のニュース記事には，時系列に無理があったり，出来事の日付が変更されていたりすることがある。

7．Check the evidence.（証拠をチェックする）：筆者の情報源が正確かどうかを確認する。証拠がなかったり，無名の専門家に頼っていたりする場合は，偽ニュースの可能性がある。

8．Look at other reports.（他の報道を見てみる）：他のニュースソースが同じ内容の記事を報道していない場合，その記事は虚偽である可能性がある。信頼できる複数の情報源から報道されている場合は，真実である可能性が高い。

9．Is the story a joke?（記事はパロディーか？）：嘘ニュースとパロディーとを見分けるのが難しい場合がある。単なる冗談かどうかをチェックする。

10．Some stories are intentionally false.（意図的に虚偽の記事を書いている場合もある）：皆さんが読む記事について批判的に考え，信頼できるとわかっているニュースだけを共有しよう。

　実はこの10のポイントをメタが最初に公開したのは，フェイスブック時代の2017年4月に英国の新聞に掲載した "Tips for spotting false news." という広告だった。世界14カ国の自社のウェブ上にも掲載された。2カ月後に迫る英国での総選挙に向けて，選挙を妨害するような誤った投稿や，誤解を招く投稿に対する注意喚起を図った啓発キャンペーンだった。

　背景には，その前年の米大統領選で偽情報がSNS上で拡散され，トランプ氏の当選につながったとの見方が強まっていたことが挙げられる。当時は，フェイスブックに代表される「プラットフォーマー」と呼ばれるSNSの運営会社に対して，偽情報への監視の目を強化するよう，世界的な注目が集まっていた。

　メタが提案する10項目以外にも，専門家がいろいろなポイントを提示している。ただ，「これさえ留意すれば必ず偽情報を見抜くことができる」

と断定できないのが悩ましいところだ。ディープフェイク技術が進展し、いくらリテラシーを高めてもイタチごっこになる可能性も否定できない。それでもリテラシーを鍛える必要がある。何より大事なのは、いくら面倒であっても「おかしいな」と怪訝に思った情報に対しては、真偽を検証する「ファクトチェック」の姿勢を常に忘れないことだ。ファクトチェックについては、「おわりに（展望）」を参考にしてほしい。

4.2　ネット情報利活用の「クセ」を知る

　最後に、偽情報にだまされないと同時に、自分がその発信源になったり、拡散に加担したりすることがないように、2つの留意点を紹介する。知りたい情報が優先表示される「フィルターバブル」と、自分と同じ意見ばかりに囲まれる「エコーチェンバー」だ。

　いずれもネット情報を利活用する際の特性「クセ」ともいえ、社会課題の議論が対立し、エスカレートしやすい要因になるとして問題視されている。日本では、総務省がこの2つの現象について、2019年版の『情報通信白書』で取り上げた。フィルターバブルについて、白書では次のように定義している。

　「アルゴリズムがネット利用者個人の検索履歴やクリック履歴を分析し学習することで、個々のユーザーにとっては望むと望まざるとにかかわらず見たい情報が優先的に表示され、利用者の観点に合わない情報からは隔離され、自身の考え方や価値観の『バブル（泡）』の中に孤立するという情報環境を指す」

　さらに、フィルターバブルの影響として、(1)ネットにおけるフィルターバブルの中には自分しかいないため、ひとりずつ孤立する。(2)フィルターバブルは目に見えないため、表示された情報がどれほど偏向しているのか、または情報が偏向のない客観的真実であるのかがわからなくなる。(3)フィルターバブルの内側にいることをユーザー自身が選んだわけではないため、避けようにも避けにくい状態になっている——という3つの問題を指摘した。

　また，閉じた空間で音が響き渡る部屋「共鳴室」を意味するエコーチェンバーについては，白書での定義は以下の通りだ。

　「ソーシャルメディアを利用する際，自分と似た興味関心をもつユーザーをフォローする結果，意見をSNSで発信すると自分と似た意見が返ってくるという状況を，閉じた小部屋で音が反響する物理現象にたとえたものである」

　白書では，この概念を生み出した米国の憲法学者，キャス・サンスティーン氏が「インターネットには個人や集団が様々な選択をする際に，多くの人々を自作のエコーチェンバーに閉じ込めてしまうシステムが存在する」とした上で，「過激な意見に繰り返し触れる一方で，多数の人が同じ意見を支持していると聞かされれば，信じ込む人が出てくる」と指摘したことにも触れている。

　フィルターバブルもエコーチェンバーも，ネット上の限られたコミュニティー内で自分と似た価値観を持つ人とだけ交流することで，情報の偏りに気づかなかったり，特定の思想や情報のみを真実と信じ込んでしまったりする危険性があることへの警鐘だといえる。

　課題の発見や解決にあたって，ネットを利活用する際には，こうした現象があることを意識してほしい。

おわりに（展望）

　課題発見や解決ができる能力は，これまでのやり方がすぐに陳腐化してしまうVUCA（ブーカ＝変動性，不確実性，複雑性，曖昧性）の時代を生きる皆さんにとっては，どの職業につくにも必要となる。

　中でもこの能力を生業とするのは「コンサルタント」だ。授業などを通じて，課題発見や解決に関心を持った際には，コンサルティングファームへの就職も考慮に入れてはどうだろうか。

　そして，メディアリテラシーも，インターネット時代には必要不可欠なスキルだといえる。ネットやSNSといった「ニューメディア」で不確かな情報がまん延していることで，「オールドメディア」と半ば揶揄（やゆ）

されてきた新聞などの「伝統メディア」は信頼できるとして，存在価値が見直されている。皆さん自身で信頼できるメディアをいくつか決めて，それらをまずは定番の情報源としてフォローすることがオススメだ。

　それでも真偽を確かめるのが難しい時は，ファクトチェック機関を参考にするのも手だ。いま世界中で関連団体が続々と設立されている。総務省が発表した2021年の「ウィズコロナにおけるデジタル活用の実態と利用者意識の変化に関する調査研究」では，2020年10月時点でファクトチェック団体は304にのぼり，2016年との比較では，特にアジア地域で急増している。ただ，日本では，ファクトチェック団体の存在が他国に比べて知られていない。

　日本経済新聞はシンガポールの南洋理工大学とアジア10カ国・地域の約7000人を対象に偽ニュースについて2023年3月に調査した。偽ニュースに接した経験がある割合で日本は75％と最も低いが，国・地域による差はあまりなかった。

　一方で，真偽を検証するファクトチェックサイトの利用法などを知っているかどうかの割合では大きな差が出た。日本は19％と最下位で首位ベトナム（81％）の4分の1以下。日本の次に少ない韓国（34％）にも遠く及ばなかった。(5)

　米デューク大学によると，日本にファクトチェック関連サイトは5つのみで，米国（78サイト）など主要国より大幅に少ない。ファクトチェックサイトの利用法を知らない人が多いことの要因となっているとの見方もある。今後，日本ではファクトチェック機関の充実とともに，ネットユーザー側の活用法の普及が課題といえよう。

　ここまでは，偽情報の危険性について記してきたが，最後に「恐れすぎる必要はない」ことにも触れたい。

　新型コロナウイルス禍の初期の段階の2021年の2月から3月にかけて，NGO団体「デジタルヘイト対策センター（CCDH）」がSNSに投稿されたりシェアされたりした偽情報の約81万件の発信者を追跡したところ，たった12人の関連アカウントに行き着いたことが明らかになった。中にはフォ

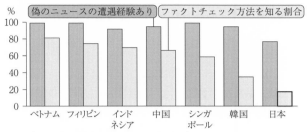

図表1-1　偽ニュースに接した経験がある割合と真偽を検証するファクトチェックサイトの利用法などを知っている割合

偽のニュースは国・地域を問わず多く出回っているが，検証方法を知る割合は日本が最も低い

出所：『日本経済新聞』2023年6月4日付（朝刊）1面。

ロワーの数が400万超えの人物もいた。

　また，ネット炎上したケースの研究では，ツイッター（現X）上でネガティブな発信をしていたユーザーは，全体の0.00025％，約40万人に1人しかいなかったとの結果もある。つまり，ごく少数の意見があたかも世論であるかのように見えてしまうこともあるのだ。炎上リスクに対しては，自身で十分注意をしながらも，被害にあったら過剰にショックを受けたり恐怖を覚えたりせずに，総務省の「違法・有害情報相談センター」などの専用窓口に相談してほしい。

注
(1)　「池上彰の大岡山通信　ようこそ新入生　課題見つけ探求を」『日本経済済新聞』2023年4月10日付（朝刊）23面。
(2)　佐藤秀夫（1987）『学校ことはじめ事典』小学館，p.126。
(3)　「若者と考える未来，大志をつなぐ，今回のテーマ，2040年のあなたはどのように社会に貢献していますか？」『日本経済済新聞』2023年11月15日付（朝刊）37面。
(4)　EG times（2020）「デマ・フェイクニュースに踊らされないようにするには？」イー・ガーディアン（https://www.e-guardian.co.jp/blog/20200407.html，2024年1月6日最終アクセス）。
(5)　「偽ニュースに弱い日本　確認法『知る』2割のみ」『日本経済済新聞』2023年6月4日付（朝刊）1面。

第 2 章	「調査報道」最前線

兼松雄一郎

──────────── 要 旨 ────────────

1. 本章の目的は，爆発的に増え続けるフェイクニュース（偽情報）を鵜呑みにする前に事実検証する意識を高めること，そのための参考情報を提供することにある。

2. 生成 AI の普及で，より精巧な偽情報を安価に量産できる時代が到来した。誰もが「一般常識」として，情報・データを見極める能力を最低限持っておく必要がある。

3. 移動履歴，趣味嗜好といった個人情報がビジネスで使われる機会が増えた。社会として目の前のデータをどう活かすかと同時に，差別的な使われ方をしていないか，一定の監視を続けていく必要がある。

4. 偽情報だけでなく，事実を確かめるために使える情報も入手しやすくなっている。一昔前なら高額で軍やヘッジファンドしか買えなかった人工衛星や通信・センサー由来の情報といった「オルタナティブデータ」も技術革新で価格破壊が進んだ。

5. ポスト2030年を展望するポイントは調査の「エンタメ化」。偽情報が氾濫する社会環境では，サスペンスドラマのように鮮やかに嘘を暴く調査手法そのものが一つの娯楽，コンテンツとして消費される。調査組織「ベリングキャット」のような新たなスター調査機関が登場し注目を集めるはずだ。

▶key words：フェイクニュース（偽情報），事実検証，生成 AI，オルタナティブデータ，個人情報

はじめに

　ニュース取材の様々なジャンル・手法の中に「調査報道」という分野がある。公式発表や誰かが意図的に流そうとする情報を鵜呑みにせず，地道な証拠集めを積み重ね，不都合な事実や隠された社会問題を明らかにしていく。情報源から発表前に資料をもらってそのまま報じるより，はるかに時間や費用がかかる難しい分野だが，デジタルツールによって取材手法の

革新も続いている。この章では，新しい手法を使った調査事例や調査手法の学習ツールを紹介する。

1　偽情報爆増

1.1　フェイク・情報工作の急増

2023年10月に始まったイスラエルとハマスの衝突でも，大手メディアの画面デザインそっくりの投稿，記者を騙る偽アカウントが勃発直後から登場。情報が錯綜している。偽情報を検証すると称し自分が偽情報をばらまくアカウントも増え続けた。**生成AI（人工知能）** の普及で精緻な偽情報がますます量産しやすくなっており，画像の真偽を瞬間的に見分けるのは難しくなる一方だ。生成AIが使われた痕跡を検知できるとアピールするツールも出ているが，結局はいたちごっこになる。

事件発生直後のネット上のニュースについては，見た瞬間にはなにも信用できない，そんな諦めの境地にもならざるをえない。真偽の判断をいったん留保し，SNS（交流サイト）以外の信頼性の高い情報源からの確報を待つしかない。事実を検証し社会問題を掘り起こす「調査報道」のニーズが高まっているとも言える。

1.2　ウクライナ侵攻の偽情報

世界の中でも特に活発に偽情報をばらまいてきたのがロシア系の工作アカウント群だ。「ロシア，口実捏造の軌跡」という特集で真偽を検証してみた。[1]

2022年２月，ウクライナ侵攻前後には「現地のロシア人の安全が脅かされている」と主張する動画がネットに氾濫した。その中から，ロシア系のレポーターがウクライナのドローンに攻撃されたと主張する動画を見つけた。

検証では，同じ場面を撮影した別画像を見つけたのが大きな助けとなった。比較ができるので，何らかの加工が施されているなら証拠を見つけや

出所：「ロシア，口実捏造の軌跡」2022年4月8日公開（日経電子版）。

すくなるからだ。簡単な音声分析をしてみると二つの動画の間で音声に差があるように感じたため，日本音響研究所（東京・渋谷）の専門家に確認を依頼した。すると，片方の動画で爆発音追加の痕跡が見つかった（図表2-1）。

その上で，米航空宇宙局（NASA）の衛星データからも爆発の熱が検知されていないか検証し，熱が出ていなかったのでこれが偽情報だと結論づけた。この衛星データ[2]はイスラエルとハマスの衝突の分析でもよく活用されているものだ。

1.3　オルタナティブデータ

偽情報も増えたが，上記の NASA のデータのように偽情報であることを証明するために使える「**オルタナティブデータ（昔なら手に入らなかったデータ）**」も同時に増えている。こうしたデータを駆使することで，捜査当局やメディアだけでなく，非政府組織（NGO）やシンクタンク，コンサルティング会社，個人ブロガーなどがデジタル調査の能力を競い合う時代が始まっている[3]。

2　教養としての「事実検証（ベリフィケーション）」

2.1　偽情報を鵜呑みにするリスク

2020年，誤情報をもとにトイレットペーパーが品薄になる，との予想を投稿しただけで自宅や職場が特定され，集中批判を浴びる事件があった。[4]

感染症の流行時など，非常事態があると手軽な善行への動機が高まる。デマそのものよりもデマを否定する投稿が盛り上がる傾向がある。悪質性の低いデマ・単なる勘違いであっても，見つかった発信者はネットで袋だたきに遭いやすい。偽情報が溢れる時代において，検証せずに情報を鵜呑みにする危険性を再認識させてくれる。

検索での上位表示を狙う様々なマーケティング活動により，怪しい情報が目につきやすい。一般的な利用者が訓練なしに信頼性の高い情報にたどり着くのは簡単ではない。こうした環境下では，誰もが最低限の**事実検証**（ベリフィケーション）ができるようになるのが理想だ。デジタル調査のスキルは一種の「教養」として身につけるものになりつつある。[5][6]

図表 2-2　デマ否定ツイートの拡散と同時に品不足が進行した

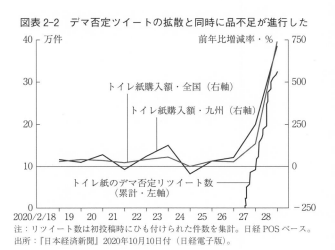

注：リツイート数は初投稿時にひも付けられた件数を集計。日経 POS ベース。
出所：『日本経済新聞』2020年10月10日付（日経電子版）。

2.2 検証スキルをグーグルで学ぶ

実はスキル獲得の敷居は下がっている。練習用の無料ツールが充実しているからだ。

始めるなら，まずは米グーグル社が用意している調査手法の自習ツール[7]が手軽なところ。**フェイクニュース**を作る側にも一定のパターンがあり，過去の画像を使い回すのがその典型だ。こうした画像使い回しの有無を調べられる「画像検索のやり方」[8]をやってみると，事実検証作業の簡単なコツはつかめる。コースの最後には簡単な復習クイズもあり，行き届いている。

ほかにも検索[9]，地図[10]など学べる内容が手短にまとまっており，デジタルセキュリティに関するトレーニングまでそろう[11]。

グーグルのサービスはもはやデジタル調査の社会インフラと言える。事実確認済みの情報は検索ポータル「Google Fact Check Explorer」[12]で整理されている。これを少し眺めているだけで偽情報のパターンが浮かび上がる。画像に本来の文脈と異なる字幕をつけた印象操作の多さ，頻繁に怪しい情報を載せているメディアの名前などが目立つ。インドや中東など偽情報が多い言語や地域なども見て取れる。宗教系の団体が敵対勢力にネガティブキャンペーンを仕掛けることが多いためだ。こうした特色はネットで情報を見る時に疑ってかかる一つの手がかりになる。

2.3 グーグル以外の学習ツール（動画など）

動画形式の方が身につきやすいという人には，仏AFP通信社の動画自習コース[13]がよくまとまっている。グーグルの「ストリートビュー」を使い画像がどこで撮られたものか特定する訓練など，手法ごとにコンパクトな動画にまとめられており，ツールの操作方法の流れが細かく分かる。

YouTube動画の自動翻訳字幕機能[14]を使うことで世界の学習動画が使えるようになったのも大きな環境の変化だ。類似の内容はNPOのファーストドラフト[15]のトレーニングもクイズ形式なので気軽に始められる。

図表 2-3　出力した内容ごとに信頼性の高い出典情報をつけてくれる生成 AI 検索
　　　　　サービス「PerplexityAI」の画面

出所：「Perplexity」のウェブサイトから。

2.4　生成 AI 検索（出典まで表示させる）

　デジタル調査で重要なのが，いかに信頼性の高い原典資料に素早くたど
り着くか。生成 AI が出力する内容は不正確なものや論理的に破綻してい
るおそれがあるものが多い。ただし，原典資料に最短でたどりつくために
使うなら大きな武器にもなる。この観点では，数ある生成 AI 検索の中で
も，出力内容にひもづけて原典資料も表示する生成 AI 検索サービス
「Perplexity AI」が使いやすい（図表2-3）。例えば1769年の段階で国を超
えた国際的な観測が行われた天文学上の大イベント「金星の太陽面通過」
について調べてみると，米議会図書館や米高級誌アトランティックなどの
信頼性の高い解説サイトが一番上に表示される。出典に論文が出てくるこ
とも多く，科学的な知識を得るのに最適だ。

2.5　最終兵器・図書館

　調査の最終兵器として図書館の有効性は色褪せない。国会図書館のウェ
ブサイトは，法人の調査の仕方などノウハウが惜しげもなく公開されてお
り使わない手はない。図書館に行けば，司書が専門文献を見つける手助け
をしてくれる上，調べ方の助言もしてもらえる。日本では図書館の潜在能
力をまだまだ活用しきれていない面があり，試してみて損はない。

3 データを活用した調査報道

3.1 データと差別：内定辞退率予想

移動履歴などの**個人情報**が社会の中で使われる機会が増えると，本人が望まない形でデータが活用され不利益を被ってしまう事例も出てくる。特に融資，進学・就職・昇進，婚姻といった，個人データが本人への評価と直結する手続きに使われる場合，より一層の注意が必要だ。なにも考えずに提供に同意したデータが元になり実害が出るおそれすらある。

本人の明確な同意がないまま蓄積された個人データから，何らかの社会的差別につながるようなリストが作られていないか。そんな問題意識で取材を進めていた2019年，見つかったのが就活生の「予想内定辞退率」を計算したリクルートの就活情報サイト「リクナビ」のデータだった。リクナビの閲覧履歴などから各就活生の辞退率を推定したもので，リクナビから営業を受けたという人物が「法的に問題があるのではないか」と疑問に思い知らせてくれたのだ。幅広い会社に営業し始めているようだと聞き，調べたところ，日本を代表する大手企業が安易にこうしたデータを購入していたことがわかり「就活生の『辞退予測』情報，説明なく提供　リクナビ」の記事につながった。[18]

各社とも「選考の合否判定には使っていない」としたが，個人情報保護委員会は「悪質な行為」と判断し，トヨタ自動車やデンソー，三菱電機といった大手メーカーのほか，三菱商事，太陽生命保険，りそな銀行などに対し行政指導に踏み切った。内定辞退率はその後の人生をも左右しかねない重要データ。こうしたデータがもたらす危険性への意識が大企業ですら低く，データを就活生本人に十分に説明していない用途に使っていた。就活生は辞退率の算定にデータが使われると知っていればデータの利用に同意しなかっただろう。

この報道は結果として，2020年の個人情報保護法改正での規制強化にもつながり，データの共有先を開示する企業が増えることにつながった。[19]

企業が溢れるデータをどう活かすか，という情報を使う側の視点しか持

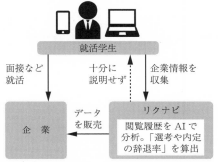

図表 2-4　本人が知らないまま就活学生の
「辞退率予測」が提供されていた

出所：『日本経済新聞』2019年8月1日付（日経電子版）。

てず，情報を使われる個人の側の立場を忘れると足元を掬われる。一方，個人の側も何も考えずにさまざまなサービスにデータを提供していると，予期せぬ不利な扱いを受けることもありうる。

　データ利用者に用途を明確に説明させ，悪用を防ぐ監視の仕組みを改めて社会として議論していかなければならない。

　他にもわかりやすい事例がある。たとえば個人情報を入力すると簡単に個人の信用スコアを算出し，融資審査に使うサービスだ。メガバンクと通信大手が組んで開発した AI が審査すると称するサービスで，男性である記者が試しに他の条件を全く同じにして，性別の情報を女性にしたり，居住地を平均所得が低い地域に変えて入力してみると，急に信用スコアが下がる事例が確認された。[20]意図せずにデータ利用が差別的な結果を招いてしまう可能性は社会の様々な場所に潜んでいる。

3.2　コロナとデータ

　2020年以降，新型コロナウイルスの流行に際し，政府が対策を進めたことをアピールする計画や関連データの公表が増えた。一見すると必要な資金が手当てされ，情報公開が進んだかに見える。だがその内実をたどっていくと，公開された情報は詳細まで追えず，設定された目標数値はいい加

減なものであることも少なくない。

　政府が新型コロナウイルス対応で用意した「コロナ予備費」と呼ばれる予算はその典型例だ。調べてみると，国会に使い道を報告した12兆円の9割以上は正確な使途が表向きは追えない状態だった。予算とは別の非公表の帳簿で管理していたためだ。コロナにこじつけて公用車や遊具など関係の薄い物品を購入する事例も後を絶たない。非常事態においては，資金を準備し柔軟に運用する必要がある一方，検証可能な形で情報が揃わないのは望ましくない。開示で透明性を高めるよう求めていく必要がある。

　データが公開されていないがゆえに効果が検証されていない行政の事業計画はいくらでもある。

　国がコロナ対策を立案するために各地方自治体に「できればこのデータが欲しい」という依頼を出して集めたデータがその典型例だ。地方分権の流れで自治体に権限が移管された事業も多く，その場合，国には強制的に情報を集める権限がない。そこで「お願い」ベースで自治体にデータの収集・取りまとめ・報告をやってもらう事例が増えた。コロナのような非常事態では「お願い」の方が手続きが簡単で出しやすい。お願いとはいえ状況的に自治体の方も断りにくい。

　結果，際限なく依頼が乱発され，自治体の業務を圧迫する事態に陥った。「日々の業務に忙殺され，ただ数字を埋めただけ」。自治体の担当者に話を聞くと，どこか他人事のようだ。コロナ大流行の非常事態の中，データを集めることそのものが目的になってしまい，意味のない数字が大量に作成された。多くの業務を抱える公務員の貴重な時間が無駄遣いされていたのだ。政治と行政が無意味な数字遊びをして仕事をしたふりをしている面もある。

　この特に理由もなく集めたデータは，公開されず組織の中に眠っている場合も少なくない。行政空転の記録が検証できないままになっているのだ。ほかにも，個別病院の病床使用率や交付された病床確保料など，医療体制の実態を知るためのデータは行政への情報公開請求か，病院にアンケートをお願いしないと実情がわからないものが多かった。

　行政の政策決定過程は情報公開請求をしなければ詳細なデータが公開されないものも少なくない。機密など非公開にする必要が特にない自治体とのやりとりについては，情報公開請求をしなくても国民に向けて公開されるべきものだ。

　日本では，開示される資料のデータ形式も指定できない。扱いにくいPDF形式でしか開示されないことも多い。情報開示先進国の米国であれば各省庁の情報開示担当が開示への処理数や期間で評価される面もあり，親身に対応してくれることも多い。まだまだ開示姿勢には大きな差があるのが実情だ。

　歴史的な価値のある記録で埋もれていたものの典型例が保健所の事業計画データだ。日本の公衆衛生政策の中核を担う保健所は，行政と医療をつなぐ日本特有の中間的な組織。それがコロナ対応でどう機能したのかは後世に検証されるべきテーマの一つだろう。行政が自治体に「お願い」したデータなら情報公開請求で見ることができるはず。請求するとデータがまるごと入手できたが，開示請求をかけなければ埋もれたままだった。

　コロナ感染拡大期に保健所の体制強化は喫緊の課題だった。保健所の担当職員を何人増やす必要があるか決めるため，政府はまずは自治体に「最悪の事態」を前提に人員強化計画を出すお願いをした。それを受け都道府県が「最悪の事態」になった場合の想定患者数を厚労省が決めた一定の計算式から算出していた。結果と増員計画を書き込む入力形式も丁寧に指定されていた。

　だが，計算に使った数値が感染拡大初期のもので古かった。感染者が集中する都市部で現実の患者数がすでに最悪の想定を上回っていた。最悪の事態への備えとしては不十分で，実際に保健所では人員不足が長らく続き混乱に拍車をかけた。

　行政の取材をしているとこうした場面によく出くわす。社会の中でデータが氾濫するように見えているが，それが必ずしも意味のあるものとは限らない。税金を使った数字遊びの負の連鎖をどこかで止めなければならない。社会にとって意味のないデータを逆に減らしていく作業も必要だ。デ

図表 2-5　1日あたり感染者数の実績がすでに最大想定を上回っていた（2020年）

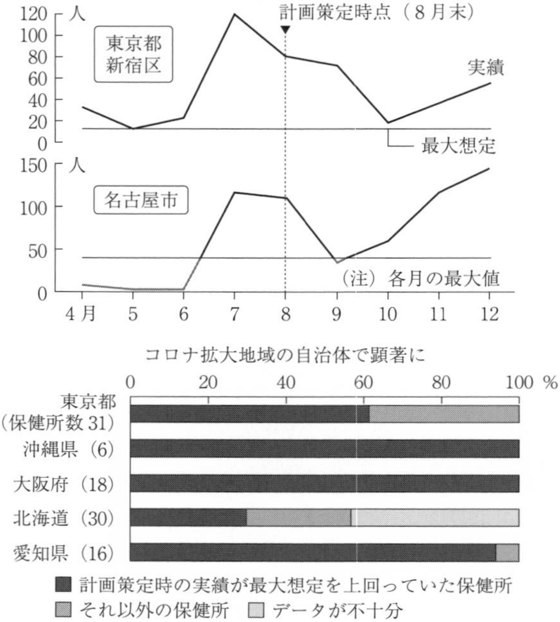

120 人
100
80
60
40
20
0
東京都
新宿区
計画策定時点（8月末）
実績
最大想定
150 人
100
50
0
名古屋市
（注）各月の最大値
4月
5
6
7
8
9
10
11
12
コロナ拡大地域の自治体で顕著に
0
20
40
60
80
100 %
東京都
（保健所数 31）
沖縄県（6）
大阪府（18）
北海道（30）
愛知県（16）
計画策定時の実績が最大想定を上回っていた保健所
それ以外の保健所
データが不十分

出所：『日本経済新聞』2020年12月31日付（日経電子版）（厚生労働省，各自治体の開示データから作成）。

ータに信憑性があるか確認するだけでなく，データが現実を反映したものなのか問い返すことも求められている。

3.3　グリーンウォッシュ

2023年も異常気象が続いた一年だった。災害の激甚化で気候変動対策への切迫感は増す一方，気候変動対策への企業や政府・自治体の貢献アピールも加熱する。すぐに成果は出づらいので，実際より少しでもよくみせかけようとする不届きな事例も当然出てくる。こうした行為は「悪い点を洗い流し，良い姿だけ見えるようにする」という意味で「グリーンウォッシュ」と呼ばれる。

「再生エネルギーの利用比率100％」「2040年までにカーボンニュートラ

ル」といった企業の公約もまずは疑ってかかった方がよさそうだ。細かい
条件設定を問い合わせてみると，特定の事業や海外部門をこっそり外して
割合を高く見せたり，排出を減らしてみせたりする事例が目についた。こ
うした留保条件が公約資料に書かれていないことも珍しくない。幅広く調
べると，温暖化ガス排出「実質ゼロ」目標を掲げる日本の主要企業131社
のうち４割弱で一部の排出ガスや事業・地域を除いていることがわかった。[24]

　隠れた留保条件をつけて数字を盛る以外にも，簡単に数字を作れる方法
がある。他の事業で排出削減した実績をカネで買ってくる手法だ。「カー
ボンクレジット」という削減実績の証書を買う，つまり他人の力を借りて
脱炭素の目標達成をアピールするわけだ。

　削減実績の根拠になるクレジットのうち，人気なのはイメージのいい森
林保護。なにもせず放っておいたら減っていたはずの森林が残ったことで
生まれた脱炭素効果を計算する。その分のクレジット発行が認められる。
効果の根拠について膨大な事業説明資料が用意されている。

　これは1997年の京都議定書採択後に本格化した革命的な金融手法で，資
金不足にあえいでいた森林保護の世界にクレジットを通じて先進国からカ
ネが流れる仕組みを作り出した。ただ，まずは利用の拡大を優先したため，
運用の監視は緩い面があった。2021年ごろから急に脱炭素が盛り上がり一
気に市場が拡大したため，問題のあるクレジットも多く流通する状態にな
ってしまった。

　インドネシアの世界最大級のクレジット発行プロジェクトの膨大な書類
を調べてみると，クレジット量の根拠となる「放っておけば減っていたは
ずの森林」がどのくらいの面積なのか，計算の前提がしっくりこない。事
業地域の森林が破壊の波に晒されていたと資料には書かれているのに，現
地で環境調査をしていた専門家に取材すると「そもそも開発が進みにくい
土地だった」と口を揃える。現地の開発許可申請記録や森林伐採量を分析
した衛星データをみても，保護事業の前に大きな脅威があったとまでは言
えそうにない。[25]

　別の中米ベリーズの森林保護をアピールするクレジットも分析してみる

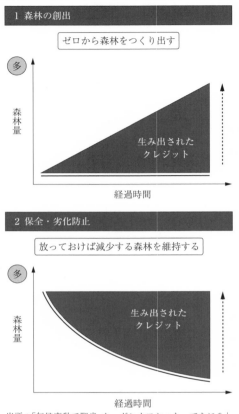

図表2-6　森林からクレジットを創出する主な手法

1 森林の創出

ゼロから森林をつくり出す

多

森林量

生み出された
クレジット

経過時間

2 保全・劣化防止

放っておけば減少する森林を維持する

多

森林量

生み出された
クレジット

経過時間

出所：「気候変動で脚光 カーボンオフセットってなに？」
2021年12月13日17：00公開［2022年2月11日9：59更
新］）（日経電子版）。

と現在は事業実態がなくなっていた。過去には排出削減クレジットと石炭をだき合わせ「クリーン石炭」として売ろうとしていた計画の資料がネットアーカイブスでも見つかった。ここまでくればクレジット制度の「悪用」と言っていいだろう。

　SDGs のアピールへの規制は未整備で緩い。事業計画の中身を監査する仕組みはあるが，多少根拠が甘くても膨大な資料をとにかく揃えさえすれば資金調達ができる「錬金術」が存在したのも事実だ。環境配慮アピール

の数字ばかりが独り歩きしていないか。誇張や不正確な記述を減らすような ルールづくりにつなげるため，脱炭素は検証調査の余地が大きく残る分野だろう。

おわりに（展望）

　デジタル技術に詳しい人材が集まる「ベリングキャット」という調査組織がある。スキルを生かしロシア・ウクライナの戦闘における戦争犯罪の証拠解析などで活躍する。2014年のマレーシア航空機撃墜の原因解明，ロシアスパイの追跡などの成果でも有名だ。捜査当局が手がかりをつかめない証拠画像の解析に協力することすらある。

　このベリングキャットのメンバーや，情報機関出身の講師が様々な形でデジタル調査の訓練プログラムを事業化している。参加してみると，メディアや警察など調査を生業とする職種以外にも，NGO，シンクタンク，コンサルなどの人材が調査スキルを磨いていた。

　使えるデータの種類が増えたことで，チャンスを見出した様々な組織が調査能力を高めようと投資競争をしている。世界的にスキルの大幅な底上げ現象が起こっている。新たなデジタル調査スキルを武器にした監査やコンサルなどのサービスもますます増え，新しい職種が生まれていく。激しい環境保護活動で有名なグリーンピースには衛星データを分析するグループがいる。森林伐採などを自ら分析し，環境汚染の分析では化学品を検査する能力もある。

　米ニューヨークタイムズがベリングキャットの人材をスカウトするなど，ニュースメディアも従来型の人への取材だけでなく，人とデータの取材を組み合わせた総合力を競う段階に入った。日本経済新聞でもデジタル調査分野への投資を続けている。

　たとえば東京都調布市で起きた陥没事故の原因を行政調査よりも早く衛星データで特定することに成功している。

　東京外郭環状道路（外環道）の地下トンネル工事が続いていた時期に陥没があったため，工事と陥没の関係が噂されていたが決定的な証拠がない。

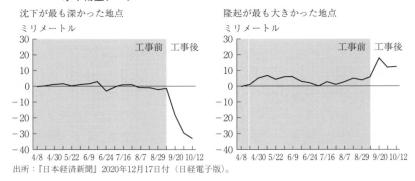

図表 2-7　東京外郭環状道路（外環道）のトンネル掘削工事と陥没事故の強い関係を
示す衛星データ

出所:『日本経済新聞』2020年12月17日付（日経電子版）。

日経は，電波を使い地表変化を 1 ミリ単位で捉えられる衛星のデータを分析し，陥没箇所の近くを掘削機が通った直後に周辺で大きな沈下が起こったことを突き止めた。行政が詳細な実地調査を始める前に工事が陥没の直接の原因となった可能性が高いことをデータで証明したのだ。

　これからのメディアは，データをネットでビジュアル化する能力も問われる。2024年 1 月に起きた羽田空港での衝突事故でも，発生後一週間程度で3D モデルを使った事故現場の検証画像を公開している。調査手法の進化はまだ始まったばかり。調査の結果だけでなく，その裏側で使われている驚くような手法を明かすコンテンツを次々に出していくつもりだ。

注
(1)　『日本経済新聞』2022年 4 月 8 日付（日経電子版）。
(2)　NASA「Fire Information for Resource Management System（FIRMS）」。
(3)　兼松雄一郎・八田浩輔他（2023）「討論 ウクライナ報道を検証する」（瀬川至朗編著『SNS 時代のジャーナリズムを考える』早稲田大学出版部所収）。
(4)　「『デマ退治』が不安増幅 買い占め騒動 ツイッター分析」『日本経済新聞』2020年10月10日付（日経電子版）。
(5)　日本経済新聞データエコノミー取材班（2019）『データの世紀』日本経済新聞出版。
(6)　毎日新聞取材班（2022）『OSINT 新時代』毎日新聞出版。
(7)　Google News Initiative "Verification".

(8) Google News Initiative “Verification: Advanced Reverse Image Search”.
(9) Google News Initiative “Advanced Search”.
(10) Google News Initiative “Google Street View: Verify images”.
(11) Google News Initiative “safety and security”.
(12) Google Fact Check Explorer.
(13) YouTube AFP 通信社 factcheck。
(14) YouTube ヘルプ　字幕を追加する。
(15) ファクトチェック NPO，FirstDraft（ファーストドラフト）training。
(16) 国会図書館の調べ方案内「リサーチ・ナビ」国会図書館ウェブサイト。
(17) 小林昌樹（2022）『調べる技術―国会図書館秘伝のレファレンス・チップス』皓星社。
(18) 『日本経済新聞』2019年８月１日付（日経電子版）。
(19) 「データ共有先，明示が６割超に 国内主要サイト調査」『日本経済新聞』2020年３月12日付（日経電子版）。
(20) 「私の信用力は何点？ AI与信審査やってみた」『日本経済新聞』2018年７月17日付（日経電子版）。
(21) 「コロナ予備費12兆円，使途９割追えず」『日本経済新聞』2022年４月22日付（日経電子版）。
(22) 「保健所７割，感染予測甘く コロナ深刻な５都道府県」『日本経済新聞』2020年12月31日付（日経電子版）。
(23) 「自宅療養，甘すぎた想定　27道府県が昨夏『予測ゼロ』」『日本経済新聞』2021年２月６日付（日経電子版）。
(24) 「曖昧な『排出ゼロ』目標 主要企業４割が対象一部除外」『日本経済新聞』2023年２月１日付（日経電子版）。
(25) 「張りぼての脱炭素取引 CO_2 削減量クレジット過大発行」『日本経済新聞』2021年12月13日付（日経電子版）。
(26) 「幽霊クレジットを追え，脱炭素取引に浮かんだ謎」『日本経済新聞』2022年６月17日付（日経電子版）。
(27) アーカイブサイト「WaybackMachine」非営利団体・米インターネット・アーカイブのウェブサイト。
(28) 「衛星データで分析　東京・調布の道路陥没事故」『日本経済新聞』2020年12月17日付（日経電子版）。

第3章	地方事情を取材して発信する

杉本晶子

--------- 要 旨 ---------

1. 本章の目的は，人口減少社会を突き進む日本において負の側面が着目されがちな地方に，「地域再生」という切り口から焦点を当て，地域発の課題解決策を手厚く伝える日本経済新聞社の地域報道についてその意義を伝えることにある。
2. オープンデータをもとにしたデータ分析，映像コンテンツ，インタラクティブなチャートといったこれまでになかった表現手法を組み合わせ，文字情報だけでは伝えきれないリッチな情報量を伝えようとする取り組みも紹介する。
3. 日本の地方・地域での様々なケーススタディーが，物理的に離れた地域や国でも普遍的に関心を持たれ，課題解決に役立つことを具体的な事例で示す。

▶key words：少子高齢化，地域再生，オープンデータ，聖地巡礼，コンパクトシティー

はじめに

　日本全国で人口減少に歯止めがかからないなか，東京都では他県から転入してくる人が増えている。一方，少子高齢化も相まって地方の人口減は加速度的に進んでいる。政府の国立社会保障・人口問題研究所の最新の推計によれば，都道府県別では「2050年までの30年間で，東京都を除くすべての道府県で人口が減少する」見通しで，「秋田県など11県では2020年時点より30％以上減少する」という。米著名起業家のイーロン・マスク氏が「出生率が死亡率を上回るような変化がなければ，日本はいずれ消滅する」とSNS（交流サイト）に投稿するなど，この問題への世界的な関心は高まりつつある。本章では，人口減をはじめとする課題にさらされる国内の地域ニュースを報じる意義や新たな分析・表現手法について事例を交えながら論じる。

1　地域ニュースの「再定義」

1.1　地域報道体制の変革

　日本経済新聞社というと，社名や媒体名にもある「経済」からの連想で「東京」のイメージが強いのではないだろうか。東京は国内外の有力企業や金融機関の本拠地が集積しているだけでなく，日本銀行本店や東京証券取引所があり，財政・金融政策を決める政治・行政の中心地でもある。実際，日経の編集部門には東京に多くの記者を配置し，官庁，日銀，金融機関，企業，市場など取材ジャンルごとに組織を細分化し，多くの記者を配置してきた。

　一方で，日経は全国で50を超える支社・支局ネットワークを持つ。支局に配属された記者はそれぞれの都道府県の行政や産業，社会ニュースを丹念に拾い，日経本紙では「地域経済面」というページを中心に記事を出稿している。地域経済面とは読者がお住まいのエリア限定で発行しているいわばご当地版のページで，北は「北海道経済面」から南は「九州・沖縄経済面」まで同じ日付の紙面であっても15通りあり，その内容は大きく異なる。

　支局記者が中心になって日々生み出しているこの「地域ニュース」に，実は大きなポテンシャルがあるのではないか。そう気づかされるきっかけのひとつとなったのが，2010年の「日経電子版」創刊だ。紙ベースの新聞を購読していると，遠く離れたエリアの地域経済面を読むことはほぼない。必然的に，自分の居住している地域のニュースが目に留まりやすくなる。これに対し，電子版では地域の垣根なく，時々刻々と新たなコンテンツが掲載され，読まれそうなものがトップページに配置される。地域発のニュースも全国の読者に一斉に届けることが可能になった。

　紙から電子へとコンテンツ配信の仕組みが大きくシフトしたことは，思わぬ効果を生み出した。例えば，北海道のある町が取り組んだ空き家活用のニュースが関西や九州の人口減少に悩む市町村の読者に刺さった，あるいは東北の村で外国人の富裕層が土地を相次ぎ買っており地価が上がり始

めたというニュースが日本全国で爆発的に読まれる，という現象が見られるようになったのだ。電子版ではどんな記事がどういう属性の読者に何分読まれたかというデータがリアルタイムに把握できるため，従来なら誰に響いているかがわかりづらかった個々の記事への反応が探りやすくなった。

　日本の地方・地域を取り巻く現状は一段と厳しさを増している。**少子高齢化**，人口減少，過疎化，空き家，廃校，シャッター商店街，工場撤退，自治体財政の悪化——。こうしたキーワードで切り取られることが多いのは周知の通りだ。マクロで見ると日本全体の人口が減り始め，都道府県ごとにさらに細かく分解して見ていくと，ほぼ東京都だけが人口を吸い寄せる一方，ほかの道府県は人口流出になかなか歯止めをかけることができていない。地方で生まれ育った若者も進学や就職のタイミングで首都圏に住まいを移すと，その後なかなか地元に戻らない。この構造問題への決定的な打開策は見えてこない。しかし，地域発のニュースは本当にネガティブな側面ばかりなのだろうか。

　私たちはそうとらえてはいない。キーワードは「**地域再生**」だ。もがきながらも日本各地の自治体や企業，非営利団体などが編み出し，成果をあげつつある課題解決策を丁寧に掘り起こし，伝えていくことに意義があると考えた。ある地域の悩みは日本の他の地域の悩みでもある。だからこそその解決策はほかの地域にも伝える価値があるはず。かつて地域ニュースの読者はそのエリアだけだと思っていたのが，潜在的には日本全国，ひいてはグローバルにも十分いることが電子版で証明されていたからだ。

　地域報道を充実させるため，組織も改編した。2021年4月に「地域報道センター」を発足させ，地域報道にかかわる全国の200人近いデスクや記者がバーチャルにひとつのまとまりとして動きやすい態勢に改めた。

1.2　「地域」ニュースはドメスティックか？「グローバル」への　　　メッセージ性

　地域報道センターの発足と足並みをそろえ，新たな連載企画「データで読む地域再生」が2021年5月からスタートした。初回は「人口減加速，進

む女性登用」というテーマで，国勢調査をもとに女性管理職の比率を都道府県別に算出。1位となった徳島県を筆頭に，中四国や九州に比率の高い県が多いことを導き出した。

「データで読む地域再生」は週1回のペースで連載し，日経の地域報道における看板コンテンツとなっている。1回ごとに大きなテーマを設定し，自治体などが一般に公開し二次利用が可能な**オープンデータ**などから収集したデータを分析するとともに，豊富なチャートや地図と記事で構成。これまでに取り上げたテーマは税収減対策，外国人活用，第1次産業の活性化，自治体のデジタルトランスフォーメーション（DX），観光促進，子育て支援，移住促進のほか，「ゆるキャラ」を使った町おこしや祭りの経済効果といった柔らかいトピックも含めて多岐にわたる。

詳細な**オープンデータ**が入手できる場合は全国1741市区町村まで細分化したランキング算出やデータ分析をし，反響を呼ぶこともしばしばだ。定量的な分析をベースに，全国の記者の取材を通じた定性的なエピソードで肉付けしているため，読み物としても面白いシリーズになっている。

主に国内の自治体関係者からの注目度が高いが，グローバルにも読まれる潜在性を秘めているとも感じている。その一例が，「『出生率1.8』1割が達成　144市町村，子育てに安心感」（『日本経済新聞』2021年6月19日付朝刊）という記事だ。

岡山県に奈義町という町がある。県北東部，鳥取県との県境に位置し，人口は6000人弱。林業や農業を主力産業とし，人口減少率などに基づき政府が定義する「過疎地域」に指定されるなど日本の典型的な地方自治体に見える。

実はこの奈義町，「奇跡の町」とも呼ばれている。1人の女性が生涯に産む子どもの平均的な人数を示す「合計特殊出生率」は，奈義町では2019年時点で2.95。全国平均の1.36を大きく上回り，きわめて高い水準となっている。

高い出生率につながったのは，若い世代が定住しやすい仕組みを考え，20年あまりにわたって子育て支援策を充実させてきた町独自の政策。具体

的には，1人子どもが生まれると10万円を支給するほか，高校生まで医療費無料化，進学が困難な学生への奨学金（最大年60万円）を無利子で貸与するなどが含まれる。ほかにも育児の合間のすき間時間を使った仕事を紹介する「しごとコンビニ」や，地元住民が世代を超えて交流できる子育て支援施設「なぎチャイルドホーム」などを通じ，地域の人が助け合いながら安心して子どもを産み育てられる環境を整えてきた。

　少子高齢化の国での「奇跡」の背景を探ろうと，英 BBC や米 CNN など海外の有力メディアも相次いで奈義町に焦点を当てた特集を組み，その取り組みを世界に発信している。移民政策などの違いはあるとはいえ，先進各国を中心に世界各地でも少子化や高齢化は進みつつあり，中国ですら「一人っ子政策」の影響もあって少子高齢化が急速に進行している。「課題先進国」としての日本におけるトライアンドエラーは他国にとってもヒントが豊富で，報道する価値があると見られているのではないだろうか。

1.3　データと映像を組み合わせ，リッチに伝える

　「データで読む地域再生」が軌道に乗ると，2022年には記事の映像化にも乗り出した。記事で掲載したもののうち，映像向きのテーマを選んで再度取材し，5 〜 8分程度の VTR に仕上げるという取り組みだ。この VTR は日経系列の BS テレビ東京で平日夜に放送している「日経ニュースプラス9」という報道番組内で放映するほか電子版にも掲載し，日経グループ間でのコラボレーション企画として好評を博している。

　映像化の第1弾は，紙面・電子版で2021年6月に取り上げた「アニメ聖地巡礼，経済潤す　岐阜県の波及効果253億円」。アニメに登場する土地や舞台にファンらが足を運ぶ観光スタイルは「聖地巡礼」と呼ばれるが，この聖地巡礼で地域経済がどう変化しているかをきめ細かく伝え，記事版は大きな話題になった。

　2022年4月24日に配信した映像版では，聖地の数が全国で5番目に多い静岡県にフォーカス。沼津市を舞台とした人気アニメ「ラブライブ！サンシャイン!!」のファン受け入れに地元の自治体や経済界が連携している様

図表 3-1　記事「データで読む地域再生」の映像化の例

出所：『日経電子版』2022年4月24日公開。

子を紹介した。架空の女子校でのアイドル結成というストーリー設定もあってファンには若い男性が多く，地元住民によれば「観光で訪れる客層が大きく変わった」という。ファンら若年層が移住するきっかけになり，沼津市の住民数は2019年に37年ぶりに転入超過になった。

　アニメの舞台として登場する旅館や菓子店のほか，観光案内所のにぎわいは映像で伝えるインパクトが大きく，テレビでの放送はもちろん，電子版に掲載したVTRも非常によく視聴された。電子版の購読者でなくてもフルバージョンを再生・視聴できるように設定したこともあり，ツイッター（現X）などのSNSで爆発的に拡散され，アクセス解析ツールでは日経電子版を普段は購読していない方々が多く流入してきたことも見て取れた。こうしたことから，映像の力を使って電子版の潜在的な読者にリーチすることができたと手応えを得るとともに，映像化の可能性を再認識した。

第3章　地方事情を取材して発信する

39

図表 3-2　地域ニュースは複数のメディア・表現方法で報道

データで読む地域再生	紙 記事　データ	ネット 記事　データ　映像	リアル イベント
LBS	放送（地方局） 映像	ネット 映像	リアル イベント
トップに開く	放送（CS 局） 映像	ネット 記事 （日本語，英文）	紙 記事

出所：筆者作成。

1.4　記事＋ビジュアルデータ＋映像によるマルチメディアでのアプローチ

　電子版では，「データで読む地域再生」で使ったデータをインタラクティブに閲覧してもらえるよう「ふるさとクリック」というビジュアルデータも随時提供している。パソコンやスマートフォンを使って読者がグラフや図表を操作しながら知りたいデータをチェックできるコンテンツだ。

　「個人住民税」「出生率」「高齢者の医療費」などテーマごとに日本地図と重ね合わせて直感的に詳細なデータを見られるのが特徴。1741市区町村のデータが確認できるため，自治体間で比較できるほか，同じ自治体のなかでも時系列で推移をみることが可能だ。一般的な記事とは違って読者が能動的にデータを知ることができ，資料価値も高いと考えている。

【ふるさとクリック】

https://www.nikkei.com/special/vdata/regional-regeneration

2　地域に眠る付加価値の取材と発信

　日本経済新聞の地域報道では，東京本社や大阪本社と50を超える支社・支局が連携して機動的に記事を作成できるのが強みだ。さきに述べた組織改正で，全国の200人近いデスクや記者がバーチャルにひとつのまとまりとして動けるようになった。

ひとつのテーマをめぐって全国津々浦々の個別地域の話と，日本全体として俯瞰した大きな絵の２つを組み合わせ，立体的にストーリーを構成することができる。それぞれの地域には有力な地方紙があるが，日経の地域報道は全国に取材網を持つからこそミクロとマクロの両方の視点を織り交ぜることができると自負しており，この点で地方紙との差異化を図っている。この章の冒頭で，「北海道経済面」から「九州・沖縄経済面」まで同じ日付の紙面であっても15通りあると触れたが，電子版を購読している読者はこのすべての面をデジタルで読むこともでき，日々いかに多くの地域ニュースが掲載されているかがご理解頂けると思う。

2.1 「データで読む地域再生」

ここからは，「データで読む地域再生」が取り上げた記事のうち，具体的な事例をご紹介していく。

2.1.1 「人口減」から抜け出し，「人口増」に転じた市区町村

国勢調査を見ると，東京圏（東京都，神奈川県，埼玉県，千葉県）の人口は第２次世界大戦後，一貫して増加してきた。同様に伸びてきた名古屋圏と大阪圏は，いずれも2000年代前半から横ばい傾向が続いている。では，東京圏の人口の伸びはどうもたらされているのだろうか。外国籍の人が働き手としてやってきている要因もあるが，圧倒的に日本の他地域から転入してくる人の多さがけん引役となっている。しかも年齢別に分解して見ると「15歳から29歳」の若年層が増えた人口のおよそ９割を占め，進学や就職をきっかけに移り住むケースが多いことがうかがえる。

では，地方はどこも人口が減少しているのだろうか。「87市区町村，人口減脱す　交流深め外国人定住」（『日本経済新聞』2021年７月17日付　朝刊）では，最新の国勢調査（2020年）を前回調査（2015年）と比べ，５年前には人口が減少していたにもかかわらず直近では人口増に転じた市区町村をひもといた。全国1741市区町村のうちマイナスからプラスに転じたのは87市区町村で，外国人や子育て世代にフォーカスした移住促進策や，企業誘致と住宅地・商業施設整備を組み合わせた定住支援策などが背景にある。

図表 3-3　人口減を克服した自治体の具体的な取り組みを取材した「データで読む地域再生」

出所：『日本経済新聞』2021年7月17日付（朝刊）。

人口減を食い止めるのは簡単ではないが，功を奏している事例も少なくないことがわかる。

　市区町村別にみると，5年前と比較して全国で最も伸び率が高かった北海道占冠村（7.9％増）は外国人からスキーリゾートとして人気を集めていたことを好機ととらえ，過疎地域に指定されつつも居住人口を増やすことに成功。村は新たに開業した外資系スキーリゾート近くにボルダリング設備をつくって外国籍の従業員と住民との交流の場を提供したり，役場窓口と診療所に多言語の音声翻訳機を常備したりときめ細かく「外国人共生」の仕組みを整えたという。

2.1.2　コンパクトシティー化，都道府県別ランキング

　「コンパクトシティー」という言葉を聞いたことがあるだろうか。名前が示すとおり「コンパクトなサイズにした都市」といった意味で，地方を中心に加速する人口減少や過疎化を踏まえ，居住地域や都市機能を集積させる取り組みを指す。

　具体的には，居住地に医療機関や役所，商業施設，職場といった生活に欠かせない施設が近接し，公共交通で無駄なくつながっているのが目指す姿。行政の立場からはコストを削減しながら住民サービスの質を維持しや

図表 3-4　自治体ごとのコンパクトシティー化を取り上げた「データで読む地域再生」

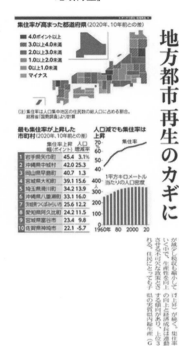

データで読む
地域再生

出所:『日本経済新聞』2022年１月８日付（朝刊）。

すくなり，住民の立場からは職場や医療機関まで通いやすく，公的サービスも受けやすいといった利点が考えられる。

　人口が増加フェーズにあった高度成長期には，住宅地や交通網が拡大し

ていき日本の都市は郊外に広がっていったが，急速な人口減社会では反対の動きを目指そうというわけだ。

コンパクトシティーは単位面積あたりに一定数の住民が集まる「集住化」とも言い換えることができる。「『集住』，滋賀・宮城が先行　全国自治体では3割どまり」（『日本経済新聞』2022年1月8日付朝刊）という記事では，都道府県ごとに「集住率」が最近高まった順にランキングを算出した。直近10年間でコンパクトシティー化が最も進んだのは滋賀県，続いて宮城県，佐賀県だった。

滋賀県では市や町などの自治体が公園を整備したり宅地造成を支援したりしてファミリー層などの居住を誘導し，県も支援することで集住化を促す再開発が一定の効果をあげている。次世代型路面電車（LRT）の整備によるコンパクトシティー推進で知られる富山市は，人口が10年間に1.9％減少した一方で集住率を6.7ポイント上げた。人口減が続けば税収も縮小することが予想され，限られた財源で行政サービスの生産性を向上させる必要に迫られるため，コンパクトシティーの成功事例を検証する意義は大きいといえそうだ。

2.2　LBS（ローカルビジネスサテライト）：イベントのモデレーターとして全国行脚

新聞社の地域ニュースとしてはこれまでの常識を超える企画もある。日本経済新聞社と，テレビ東京（TXN）系列の地方放送局5局がタッグを組んで発信している「LBS（ローカルビジネスサテライト）」と名付けた映像コンテンツだ。

LBSは2021年10月にスタート。「ローカル発，ニッポンの底力」をコンセプトとした1作品4分半ほどのシリーズだ。東京中心の視点では見逃しがちな地域経済の魅力を掘り起こし，知られざるローカルビジネスのディテールをお伝えすることを目指している。テレビ大阪，テレビ愛知，TVQ九州放送，テレビ北海道，テレビせとうちの5局が，日経の50を超える支社・支局の記者と連携してネタを提案し，週に2本ほどのコンテン

ツを制作している。

VTR は各局がリレー方式で制作しているが，制作した局だけでなくほかの地域の局でも一斉に放送しているのが特徴だ。例えばテレビ愛知が制作した作品を，テレビ北海道など他4局でも放送している。さらに BS テレビ東京のニュース番組「日経ニュースプラス9」でも紹介し，電子版に掲載するという多重活用をしており，日経グループあげての一大プロジェクトでもある。

従来，ローカル局はローカルに根ざしたトピックを放送するというのが大原則で，地域を越えて離れた地域のネタを放送する先例はあまりなく，LBS は一種の実験でもあった。しかし，日本経済新聞において電子版の登場をきっかけに地域ニュースが物理的なエリアを越えて読まれるニーズがあることがわかったのと同じように，テレビにおいても同じことが起きるのではないかという仮説を立てた。

蓋を開けてみると，四国のトピックが北海道で，中部のトピックが九州で反響を呼ぶという現象が見られた。遠くの地域の話であっても，ビジネスのチャンスや成長のヒントは普遍性があり，全国に通じるということだと解釈している。

LBS の好評を受け，2022年からはイベントも行っている。リアル会場とオンライン配信のハイブリッドで開催するスタイルで，大阪での第1弾を皮切りに，名古屋，福岡，札幌，岡山と系列局が本拠地を置く都市を行脚。コロナ禍が広がるさなかにスタートしたものの，毎回多くの方に来場・視聴して頂いており，LBS のブランドも徐々に浸透してきたようだ。

私はイベントに毎回登壇し，モデレーターを務めている。LBS で取り上げた経営者らをゲストとして招き，パネルディスカッション形式で議論を進めていく役回りだ。これまで登壇して頂いたのは，自動車業界の電気自動車（EV）シフトで収入が激減したものの新たな商機を見いだした鋳物メーカーの4代目経営者，ロケットを打ち上げる「宇宙港」を運営するスタートアップの女性経営者，おいしい牛乳を求めて自ら牧場経営に参入した菓子メーカー2代目経営者など，個性派ぞろい。地域での奮闘ぶりは

図表 3-5 「ローカル発，ニッポンの底力」がコンセプトの LBS（ローカルビジネスサテライト）

出所：日経電子版。

図表 3-6　LBS でよく視聴されたコンテンツ一例

太陽光パネルに迫る「終活」　三菱ケミ系，99％再生へ	福岡
耐久性1.7倍の「腐らない木材」，厳島神社や高層ビルに	福岡
つらい建築作業をロボット代替　香川港，現場改革最前線	香川
イタリアも認めた岡山の宿場町　「町ごとホテル」で復活	岡山
ソフトバンク，キャビアに挑む　「エリート魚」AI で養殖	北海道
空き家の悩み一括解決　解体から活用まで提案，愛知新興	愛知
3D プリンターで高級ホテル　大工不足解消に一役	北海道
三菱ジェット参画の部品会社，極薄合金ぐい飲みに活路	愛知
大量廃棄「卵の殻」に商機　合成皮革に配合，世界も注目	大阪
大手アパレル注目の「縫わないニット」　廃棄ゼロ極める大手	和歌山

出所：筆者作成。

いずれも興味深く，どういうコメントを引き出して話の流れをつないでいくかは難しいところもあるが，来場者の反応もダイレクトに伝わってくるだけにやりがいもある。

おわりに（展望）

　米国に駐在していた2011年にこんな取材をし，記事を書いたことがある。人口約25万人の地方都市，テキサス州ラレド市から唯一の書店がなくなったという話だ。運営主体の大手書店チェーンはスマホや電子書籍端末の登場などデジタル化の洗礼を受けて業績が悪化し，やむなく同市から撤退。住民にとって最も近い書店は東京から浜松への距離とほぼ同じ，約250キ

ロも離れたサンアントニオ市となってしまった。運営企業の最高経営責任者（CEO）にあてた閉店反対の署名活動には地元の約1万人が参加。その中には小学生がしたためた手書きの手紙もあり，胸が痛んだのを思い出す。ラレド市の行政官は「新しい書店をなんとしても誘致したい」と話していた。当時は地方財政の悪化もあって公立図書館の閉鎖も全米で相次ぎ，書店や図書館のない「活字砂漠」ともいえる地域が広がりつつあった。「時代の流れ」との声がある一方で，所得水準が低めの地域ほど「砂漠化」が進むなど，パソコンやスマホを持てない人が活字から遠ざかることで「教育格差を広げる」といった論調も目立った。

　それから10年あまり。日本でも書店（新刊を扱う書店，古書店などは含まず）がひとつもない自治体が増えており，2022年時点で全1741市区町村のうち26％にのぼるという（出版文化振興財団調べ）。さらなる人口減少や教育文化水準への影響などを懸念する自治体もあるとの報道も目に付く。

　10年のうちにネット書店の勢力拡大やデジタルコンテンツの普及など環境は大きく変わったとはいえ，改めて思うのは米国と日本とで同じような出来事が時間差で起きているということ。地域や国を超え，ときには時代を超えて課題は普遍性を帯びる。このことを念頭に，日々のニュースを丁寧に報じていきたいと考えている。

第Ⅱ部　SDGs から描き出す課題とミライ

第4章	SDGs —人類が英知を結集して解決すべき21世紀の課題群
	高安健一

──────── 要 旨 ────────

1. 2015年9月に開催された国連持続可能な開発サミットにおいて、「我々の世界を変革する：持続可能な開発のための2030アジェンダ」と題する成果文書が採択された。その中核を成すSDGs（持続可能な開発目標）は、人類が英知を結集して解決すべき21世紀の課題群である。

2. 「2030アジェンダ」の基本理念は「誰一人取り残さない」である。国や地域ではなく人に焦点を当てたこの理念を支えるのは、人権尊重、人間の安全保障、社会的包摂（ソーシャルインクルージョン）といった、人間が人間らしい生活を送るために不可欠な価値規範である。

3. 国連で加盟国が期限に設定した2030年末までに、17の目標と169のターゲットを達成することは困難な情勢にある。国際社会はSDGsの意義を再確認し、取り組みを加速させるべきである。

4. 日本はSDGsにこれまでも増して真摯に向き合う必要がある。SDGsの達成状況を見ると、2023年に主要先進国のなかで最下位の21位に甘んじた。ジェンダー平等指数は同年に、146カ国中125位に沈んだ。

5. 我々はSDGsの達成に貢献する人材を後押しする社会を構築するとともに、主体的に課題解決に取り組まなければならない。

▶key words：持続可能な開発，誰一人取り残さない，貧困削減，ジェンダー平等，エンジニアリング思考

はじめに

　国際社会は2016年1月に、2030年末を達成期限とする持続可能な開発目標（Sustainable Development Goals：SDGs）の実現に向けて始動した。我々はこの世界規模の課題解決の試みに、本書が出版された2024年4月までに8年4カ月の歳月を費やした。2030年末まで残すところ6年8カ月である。日本では、若者世代を中心にSDGsの認知度が急速に高まったとは言え、その達成には一層の努力を要する状況にある。2030年とその先を見据えて、

我々は日本のみならず世界が直面している課題にいかに立ち向かうべきなのか？

　本章では，3つの視点から，人類が英知を結集して解決すべき21世紀の課題群と言えるSDGsとの向き合い方について考える。以下では，まず，国際連合でSDGsが採択された背景と意義を確認する。次に，世界と日本の達成状況と我々が直面しているリスクを概観する。最後に，SDGsの達成に資する社会基盤を整え，関係者が主体的に取り組むべきことを指摘する。

1　SDGsに取り組む意義

1.1　2015年9月の採択に至る道のり

　2015年9月25日から27日まで，米ニューヨークの国連本部において国連持続可能な開発サミットが開催され，加盟国は「我々の世界を変革する：持続可能な開発のための2030アジェンダ」（以下，2030アジェンダ）と題する成果文書を採択した。アジェンダとは，目標を達成するための指針や行動計画のことである。2030アジェンダは，長年積み残されてきた課題の一掃を狙った，国際社会の決意表明と言えよう。

　SDGsは，2030アジェンダの実現に向けて達成すべき課題群である。世界の国々は，2030年末を期限に定め，17の目標と169のターゲットの達成を目指し，232の指標を用いて進捗をモニタリングすることで合意した。

　国連が加盟国間で合意形成された開発目標を掲げ，国際社会が英知を結集してその達成に取り組む課題解決方式の原型は，1961年に採択された「国連開発の10年（1961-70年）」に遡る。第2次世界大戦終結後に植民地支配から独立する国が相次ぐなか，途上国の経済成長を重要課題として掲げた国連開発の10年は，その後環境や持続可能な開発などの要素を取り入れながら国際社会で引き継がれた。

　1970年代に入ると，環境破壊や資源の枯渇などが問題視されるようになった。1972年に民間シンクタンクであるローマクラブが『成長の限界』と

題する報告書を発表し，人口の幾何級数的な増加と経済成長によって天然
資源が枯渇するとの予測を明らかにした。

　1987年に，国連で1984年に設立が決議された環境と開発に関する世界委
員会は『Our Common Future（我ら共有の未来）』と題する報告書を公表
した。その中で，**持続可能な開発**の概念は「将来の世代が自らのニーズを
充足する能力を損なうことなく，現在の世代のニーズを満たすような発
展」と整理された。この概念は今でも広く共有されている。

　1992年にブラジルのリオデジャネイロで開催された「持続可能な開発に
関する国際会議（地球環境サミット）」では，環境と開発に関する「リオ宣
言」，そして21世紀に向けて持続可能な開発を実現するために各国および
関係国際機関が実行すべき行動計画である「アジェンダ21」が採択された。
これまでも，そしてこれからも地球環境を大きく左右する気候変動枠組み
条約と生物多様性条約に多くの国が署名した。

　1995年には，デンマークで開催された世界社会開発サミットにおいて
「コペンハーゲン宣言」が採択された。そのなかで，経済発展，社会開発
及び環境保護が相互に依存していることが強調された。貧困撲滅や雇用に
加えて，人権及び基本的自由，文化的・宗教的多様性，社会的公正などを
含む社会問題が包括的に取り上げられた。

　このように対応すべき課題が雪だるま式に増える一方で，1990年代に政
府開発援助（ODA）の在り方を再検討する動きが広まった。先進国は「援
助疲れ」に陥っていたのである。巨額のODAを長年供与していたものの，
それに見合う開発成果が得られていないのではとの疑念が台頭した。援助
を受ける側の途上国は，「援助の氾濫」に悩まされていた。国際機関や先
進国から支援プロジェクトが多数持ち込まれたことから，消化不良に陥っ
ていた。

1.2　MDGsの成果とSDGsへの継承

　21世紀の到来を見据えて，諸々の国際会議で採択された経済，社会，環
境などに関わる諸目標を統合し，国際社会が一丸となって取り組むための

枠組み作りが始まった。その努力は2000年9月に，国連ミレニアム・サミットにおいて採択された「ミレミアム開発目標」（Millennium Development Goals：MDGs）として結実した。

SDGsの前身であるMDGsは，2015年までに達成すべき8つの目標と21のターゲット，そして60の指標で構成されていた。貧困削減に加え，ジェンダー平等の推進，環境の持続可能性の確保などが目標として掲げられた。

MDGsの成果は，目標や地域によってばらつきがあった。国連の報告書「The Millennium Development Goals Report 2015」によると，世界で極度の貧困（1日1.25ドル未満）で暮らす人々の割合は，中国の急速な経済発展もあり，1990年の47％から2015年に14％へ大きく減少した。また，初等教育就学率も2000年の83％から同91％に改善した。一方，ジェンダー不平等，豊かな世帯と貧しい世帯の格差，都市と農村の格差などの改善は足踏みした。二酸化炭素（CO_2）排出量は1990年と比べて50％以上も増加した。地域別の達成状況については，サブサハラ（サハラ砂漠以南）のアフリカ諸国の遅れが指摘されている。

2015年末に期限を迎えたMDGsが積み残した目標を引き継いだSDGsには5つの特徴がある。第1は，目標，ターゲット，指標がMDGsよりも大幅に増えたことである。SDGsの採択には，政府代表のみならず，民間企業や市民社会も関わり，多様な意見が反映された。

第2は，開発と環境を柱とすることがより鮮明になったことである。貧困を撲滅し，人間が豊かで満たされた生活を享受すると同時に，地球環境を保全することを目指す。

第3は，17の目標を環境，社会，経済の3つに分類整理する発想の取り入れである。良好な環境なくして社会は成り立たず，社会なくして経済活動は成り立たないという整理である。

第4は，SDGsの目標を達成すべき国に，MDGsの対象であった途上国に加えて先進国が含まれたことである。日本は国内でSDGsに取り組むと同時に，途上国の達成を支援する立場にある。

第５は，SDGs では MDGs 以上に，指標の達成状況をデータで可視化，そして共有することを重視していることである。自国の達成状況を他国と比較して政策に活かすことができる。

1.3　基本理念「誰一人取り残さない」を支える３つの価値規範

2030アジェンダの基本理念は，その前文に掲げられている「我々は**誰一人取り残さないことを誓う**」"We pledge that no one will be left behind"である。国や地域の開発ではなく，人間に着目しているのはなぜか。ここでは人間中心の開発に関わる３つの価値規範を紹介する。

第１は，人権尊重である。その源流は第２次世界大戦終結後の1948年12月に開催された国連第３回総会（パリ）において採択された「世界人権宣言」に遡る。第二条１に，すべての人は，人権宣言に記されているすべての権利と自由とを享有できると書かれている。

第２は，人間の安全保障である。ノーベル経済学賞を受賞したインド出身のアマルティア・セン教授は，人間の安全保障を次の４つの側面から整理している。[3] すなわち，①「個々の人間の生活」にしっかり重点を置くこと，②人間が，より安全に暮らせるようにするうえで，「社会および社会的取り決めのはたす役割」を重視すること，③人間の生活が不利益をこうむるリスクを重視すること，④「より基本的」な人権を強調し，「不利益」に特に関心を向けることである。（一部省略）

第３は，社会的包摂（ソーシャルインクルージョン）である。これは，誰も排除されず，全員が社会に参画する機会を持つことを意味するもので，日本でも頻繁に使われている。

これら３つは，2030アジェンダのみならず，我々の社会を支えている価値規範であり，これからも継承されるべきであろう。

1.4　遠のいた2030年の貧困撲滅（目標１）

MDGs と SDGs の両方で目標１に掲げられた**貧困削減**の達成状況を確認する。2030アジェンダの前文に，「我々は，極端な貧困を含む，あらゆ

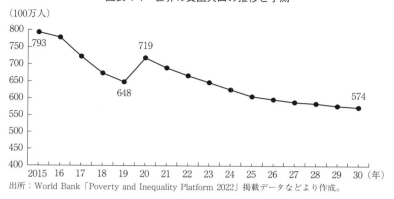

図表 4-1　世界の貧困人口の推移と予測

（100万人）

出所：World Bank「Poverty and Inequality Platform 2022」掲載データなどより作成。

る形態と側面の貧困を撲滅することが最大の地球規模の課題であり，持続可能な開発のための不可欠な必要条件であると認識する」（日本外務省ウェブサイト掲載仮訳）と記されている。

　SDGs の目標 1 は，「あらゆる場所で，あらゆる形態の貧困に終止符を打つ」である。達成時期や数値を含むターゲット1.1には「2030年までに，現在 1 日1.25ドル未満で生活する人々と定義されている極度の貧困をあらゆる場所で終わらせる」と書かれている（世界銀行は2022年に貧困ラインを 1 日2.15ドルに変更）。ターゲットの達成状況を確認する指標は，国際的な貧困ラインを下回って生活している貧困人口である。

　図表 4-1 で世界の貧困人口の推移を確認すると，残念ながら，2030年においても約 5 億7400万人が貧困状態から脱することができないと見込まれている。2020年に貧困人口が前年より約7000万人増えたのは，新型コロナウイルス感染症による経済活動の落ち込みを反映している。パンデミック（世界的大流行）は，脆弱な立場に置かれている人々にさらなる困難を強いた。

　貧困削減には経済成長が必要であり，経済成長はほとんどの場合追加的な環境負荷を伴う。温室効果ガス（温暖化ガス）の排出量削減をはじめとする環境問題を解決するためには，途上国を含む世界の国々が一致団結して取り組まなければならない。他方で，これから豊かになろうとする途上

国は，現在の環境問題は先進国の経済活動に起因するものだと主張し，自分達にはこれから工業化を達成する権利があると考える。途上国は，環境問題の責任には先進国と途上国で差異があるとする「共通だが差異のある責任」を主張してきた。(4)この発想は自国の環境対策を先進国が支援すべきだという途上国の要求に繋がる。

　人口増加は環境負荷を増やす要因である。国連が発表した「World Population Prospects 2022」によると，世界人口（中位推計）は SDGs が採択された2015年の約74億3000万人から SDGs の達成期限である2030年に約85億5000万人へ増加する。そして温室効果ガスの排出量と吸収量を均衡させることで全体としての排出量をゼロにするカーボンニュートラルの達成を目指す2050年に，約97億1000万人に達すると予測されている。ちなみに世界の名目 GDP（国内総生産）は2000年から2022年までの間に，33.9兆ドルから101.3兆ドルへ約３倍に増加した（世界銀行「World Development Indicators」）。

2　世界と日本の達成状況

2.1　世界の達成ペースは2020年を境に減速

　世界の SDGs 達成ペースは2020年を境に減速した。４年に１度開催される SDGs サミットが2023年９月に国連本部で行われた。前回の2019年以降，世界は新型コロナウイルス感染症，ウクライナ戦争，一次産品価格の高騰など，SDGs の達成に悪影響を及ぼす出来事に見舞われていた。

　国連が提唱して設立された SDSN（持続可能な開発ソリューション・ネットワーク）が公表した「Sustainable Development Report 2023」によると，世界の2022年時点の SDGs 達成率は前年とほぼ同じ66.7％であった。毎年おおむね0.5〜0.8ポイント上昇していたのが，2020年以降は同0.1〜0.3ポイントにペースダウンした。

　2030アジェンダと SDGs のフォローアップとレビューを行う HLPF（持続可能な開発に関するハイレベル政治フォーラム）で採択された政治宣言に，

「SDGs の達成は危機的な状況にある」"The achievement of the SDGs is in peril" と明記された。そして，SDGs の多くの目標が進捗が「極めて遅い」か「後退している」と評価された。

2.2　課題が山積する日本

日本の達成状況は芳しくない。図表4-2 が示す通り，SDSN が2023年に公表した SDGs 達成ランキングによると，日本は世界166カ国中21位で，継続的に順位を落としている。主要先進国中で最下位であり，スコアの上昇ペースは緩慢である。4段階で表示される取り組みの評価を見ると，最も評価が低い「大きな課題が残る」（major challenges）に分類されたのは，目標5「ジェンダー平等を実現しよう」，目標12「つくる責任，つかう責任」，目標13「気候変動に具体的な対策を」，目標14「海の豊かさを守ろう」，そして目標15「陸の豊かさも守ろう」の5つであった。前年の2022年のランキングで大きな課題が残るに分類された目標17「パートナーシップで目標を達成しよう」は「重要な課題が残る」（significant challenges）へ一段階改善した。

ジェンダー平等が，日本が長年抱える深刻な問題であることは，別の資料でも確認できる。世界経済フォーラム（WEF）は「Global Gender Gap Report」のなかで，男女格差を経済，教育，健康，そして政治の4分野で評価している。日本の場合，教育と健康分野で高得点を維持している一方で，国会議員（衆院議員）や閣僚の男女比などで構成される政治，そして女性の管理職への登用や男女同一賃金などで算出される経済が足を引っ張っている。図表4-3 が示す通り，日本は2023年に，政治の138位と経済の123位が響き，総合点で世界146カ国中125位に沈んだ。

他方で，SDGs の達成に向けた前向きな動きが数多くある。政府は2016年に総理大臣を本部長とし全閣僚を構成員とする SDGs 推進本部を設置して，国内での取り組みと国際協力を推進する体制を整えた。2023年12月に，政府は「持続可能な開発目標（SDGs）実施指針」を4年ぶりに改訂し，中長期的に SDGs の達成に向けて取り組む方針を再確認した。

図表 4-2　日本の SDGs 達成状況（順位とスコア）

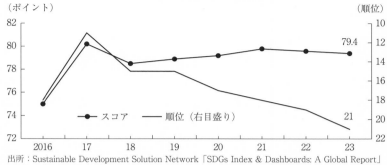

出所：Sustainable Development Solution Network「SDGs Index & Dashboards: A Global Report」各年版より作成。

図表 4-3　日本のジェンダーギャップ指数の推移

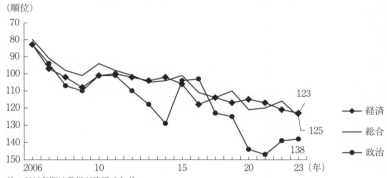

注：2019年版は発行が確認できず。
出所：World Economic Forum「Global Gender Gap Repoert」各年版より作成。

　政府は2018年度に，優れた SDGs の取り組みを提案した地方自治体を「SDGs 未来都市」として選定する制度を始めた。2023年までに182の都市が選ばれた（内閣府地方創生推進室作成資料）。加えて，地方自治体において，市政運営の基本構想である総合振興計画の作成時に，重点施策と SDGs の目標を紐付けて，KPI（重要業績評価指標）で成果を検証する動きがある。

　民間企業による SDGs や ESG（環境・社会・企業統治）への取り組みが広がりを見せている。一般社団法人日本経済団体連合会は，SDGs の達成に向けて，革新技術を最大限活用することにより経済発展と社会的課題の

解決の両立させる「Society 5.0」の実現に向けた活動を展開している。一般社団法人全国銀行協会は，SDGsの主な取組項目と『全銀協SDGsレポート』を公表している。

　身近なSDGsの課題として，本来食べられるにもかかわらず捨てられてしまう食品ロスがある。食品ロス量は2021年度に523万トン（事業系と家庭系の合計）と，2015年度の646万トンから減少した（農林水産省「食品ロス量の推移（平成24～令和3年度)」）。依然大量の食品が廃棄されているものの，減少傾向に転じたことは肯定的に評価できる。市民社会が社会課題に取り組んでいる事例として，こどもの貧困が社会問題化するなか，2012年頃に始まったこども食堂が2023年に全国9131箇所（速報値）に大幅に増えたことが挙げられる（認定NPO法人全国こども食堂支援センター・むすびえウェブサイト掲載データ）。

2.3　世界が直面するリスクの軽減

　我々は地球規模の課題が，経済活動のリスク要因になっていることを理解すべきである。WEFは「The Global Risks Report 2023」のなかで，世界のビジネスリーダーが何をグローバルなリスクとして認識しているかを短期（2年間）と長期（10年間）に分けて集計した。リスクは経済，環境，地政学，社会，そしてテクノロジーの5つに分類されている。

　短期的リスクの第1位は生活費の危機であった。この背景には，2022年から2023年にかけてウクライナ戦争などの影響でエネルギー価格や食料価格が高騰し，世界的に物価上昇圧力が高まったことがある。自然災害と極端な異常気象（第2位），気候変動の緩和策の失敗（第4位），大規模な環境破壊事象（第6位），気候変動への対応策の失敗（第7位），天然資源危機（第9位），大規模な非自発的移住（第10位）といったSDGsと関連する項目がリスクとして認識されている。

　他方，長期的リスクについてSDGsと関連する項目は，上記の短期的リスクとして認識されている6つに「生物多様性の喪失や生態系の崩壊」を加えた計7つである。

3　SDGs に取り組む人材を輩出する社会の構築

　日本が意識すべきは，国際社会の動向を睨みつつ，SDGs 達成に向けた取り組みを円滑に推進できる社会を構築することである。SDGs は主体的に課題を見つけ出し，解決方法を導き出す人材なしには達成できない。我々の発想や行動を見つめ直す必要がある。

　第1は，主体性の発揮である。SDGs は国連で採択されたもので，法的拘束力はない。進捗状況に関するフォローアップと検証を行う責任は各国にある。国連などの国際機関の役回りは基本的に，各国が現状と課題を把握して政策を検証するためのデータや議論の場を提供することである。

　SDGs のどの目標に，どこまで，どのように取り組むかは，各主体に任されている。換言すると，日本は自らの意思で目標を定め，変革を進めなければならないのである。政府，民間企業，自治体，教育機関，市民社会，そして個人についても同様である。一つの主体がすべての目標に同時に注力することは現実的ではない。重点的に取り組む目標を絞り込んだうえで，徐々に他の指標との関連性や整合性に発想を広げる手順になろう。

　第2は，挑戦を許容する社会である。課題解決の取り組みは成功するとは限らない。新しいアイデアを評価し，失敗を許容し，時代に合わなくなった制度を改める風土がないと，課題解決に挑戦する人材は育たないであろう。

　第3は，バックキャスティング思考である。現状の延長線上で将来を考えるのがフォアキャスティング思考である。これに対して，あるべき姿から逆算して，それを達成するための戦略を組立てて実行するのがバックキャスティング思考である。MDGs では，1990年という過去を基準に2015年までにどれだけ改善できるかという発想で目標を定めた。SDGs では，2030年のあるべき姿から逆算して目標が設定された。

　第4は，**エンジニアリング思考**である。科学者は地球温暖化の原因を特定することはできても，エアコンの省エネ性能を向上させる技術を持っているとは思えない。既存技術の組み合わせによる課題解決も SDGs の達成

に必須である。液化天然ガス（LNG）プラントや発電所を建設するエンジニアリング会社は，自前の大規模工場を持たない。世界中から必要な技術，人材，機械設備，原材料を調達し，灼熱の中東であろうが極寒のロシアであろうがプラントを建設する。しかも，顧客や社会が要求する価格，品質，納期を満たしつつ，経済性，環境基準，そして安全性などをクリアする。

おわりに（展望）

SDGs について，目標の数が多く相互の関連が不明確である，解決までの筋道が明確ではない，資金的裏付けが乏しいなどの批判がある。しかし，MDGs や SDG が存在しなかったら，世界は今よりも住みにくくなっていたであろう。我々は，解決すべき課題の存在にさえ気づいていなかったかもしれない。

国際社会が国連や国際会議の場などで解決すべき課題を議論し，合意した目標の達成に向けて政府，民間企業，自治体，教育機関，市民社会などが主体的に取り組む課題解決方式を，これからも維持・発展させるべきである。

SDGs は，人類が英知を結集して構築した，社会問題を解決するための枠組みと言える。現時点で，2031年以降の世界を見据えた国際開発アジェンダ（ポスト2030アジェンダ）が採択され，国際社会が協力しあいながら積み残した課題の解決に踏み出すのかを見通すことは難しい。採択されなかったとしても，我々は社会課題の解決のために主体的に行動する姿勢を崩してはならないのである。

世界中で，社会問題を解決するために無数の人々が日々奮闘している。一人でできることには限界がある。SDGs は関連する機関や団体とパートナーシップを形成して，主体的に取り組むことなしに達成できない。課題発見能力の涵養に近道はない。日頃より疑問を持ち，調べ，取材し，文書化し，発表することを繰り返すことに尽きる。

注

(1)　ローマクラブの報告書『成長の限界』は，第５章と第６章でも取り上げられている。

(2)　環境と開発に関する世界委員会（大来佐武郎監修）(1987)『地球の未来を守るために』福武書店，pp. 66-68。

(3)　アマルティア・セン［東郷えりか訳］(2006)『人間の安全保障』集英社，pp. 23-24。

(4)　南博・稲葉雅紀 (2020)『SDGs─危機の時代の羅針盤』岩波書店，pp. 65-73。「共通だが差異のある責任」については第５章で詳しく述べられている。

(5)　Society 5.0は，第６章で詳しく述べられている。

<table>
<tr><td>第5章</td><td>地球環境問題の科学と政治</td></tr>
</table>

第 5 章	地球環境問題の科学と政治

久保田啓介

——————— 要　旨 ———————

1.　地球温暖化（気候変動）の防止は国際社会にとって喫緊の課題となり，経済や社会の仕組みまで変えようとしている。生物の絶滅や生息環境の悪化も深刻だ。本章では地球環境問題のなかで温暖化防止と生物多様性保全の２つを取り上げ，歴史的背景や国際社会の対応を概説する。

2.　温暖化問題では科学者組織「気候変動に関する政府間パネル（IPCC）」が1990年代からリスクを警告し，国際社会も気候変動枠組み条約やパリ協定などのルールをつくってきた。温室効果ガスの排出を実質ゼロ（カーボンニュートラル）にする目標を掲げるが，達成は容易でない。

3.　生物多様性の保全でも国連が生物多様性条約を制定したが，国際的な目標はほとんど達成されていない。多様性を損失から反転させる「ネイチャーポジティブ（自然再興）」の考え方が提唱され，実効性のある対策づくりが求められている。

4.　環境保全の取り組みは経済成長やエネルギー利用と相反することがあり，温暖化対策が生物多様性を損なうなどのトレードオフも潜む。近視眼的な対応がグリーンウオッシュ（まやかしの環境対策）と批判される事例も生じている。これを防ぐにはSDGsを「他者のまなざし」から見る視点が欠かせない。

▶key words：気候変動に関する政府間パネル（IPCC），気候変動枠組み条約，
　　　　　　　パリ協定，カーボンニュートラル，ネイチャーポジティブ，3R
　　　　　　　（リデュース・リユース・リサイクル）

はじめに

　地球環境の保全は国際社会が直面する最重要課題のひとつであり，国連のSDGs（持続可能な開発目標）が掲げる17の目標のなかでも重要な群を構成している。「気候変動に具体的な対策を」（目標13），「海の豊かさを守ろう」（同14），「陸の豊かさも守ろう」（同15）が環境保全に直接かかわり，「安全な水とトイレを世界中に」（同６），「エネルギーをみんなに，そして

クリーンに」（同 7 ），「つくる責任・つかう責任」（同12）も水やエネルギーの利用，ごみの削減といった点で間接的に環境保全にかかわる。

　本章ではまず，18世紀の産業革命以降，人類の活動が地球の姿を変えるほど深刻な影響を及ぼし，大量生産・大量消費・大量廃棄社会がこの問題の背景にあることを示す。次いで温暖化防止や生物多様性保全をめぐり，科学者が発した警告を国際社会が受け止め，政治交渉によって国際ルールがつくられた過程を概説する。最後に，環境保全にはトレードオフがつきまとい，最適解を導くにはバランスの取れた視点の涵養が欠かせないことを学ぶ。

1　人間活動が環境を悪化させた「人新世」

　「人新世（アントロポセン）」という言葉が世界的に注目されている。オランダ人のノーベル化学賞受賞者パウル・クルッツェンと米国の生態学者ユージン・ストーマーが，現代が属する時代区分として提唱した。

　人類が狩猟・採集や農業によって生活の糧を得ていたころは，自然環境の恩恵を得ながら共存してきた。しかし，18世紀後半に産業革命が起きると，人間の活動が環境をかく乱し，地形や気候にまで影響を及ぼすほどになった。人新世は「人類が繁栄した時代」という肯定的な意味合いよりも，「人間が地球を改変した」とネガティブな意味で使われる例が多いようだ。

　地球の未来への警告としては，スイスのシンクタンクであるローマクラブが1972年に公表した報告書『成長の限界』がよく知られる。地球の資源の有限性や人口爆発，環境汚染を考慮すると，経済成長は21世紀中に限界に達すると訴え，成長一辺倒の未来に警鐘を鳴らした。[1]

　1980年代になると，先進国の市民の間で大量生産・消費・廃棄を問い直すムードが芽生え始め，「持続可能な成長」という概念が提唱された。とりわけ欧州では「持続可能性」への意識が広がるうえで，3つの「事件」が拍車を掛けた。

　ひとつが酸性雨による森林破壊だ。工場や自動車から排出される硫黄酸

化物（SOx）や窒素酸化物（NOx）が雨に溶け，都市部から離れた森林を枯死させ，とくに北欧や中欧の森林で被害が目立った。

　1980年代半ばに表面化したオゾン層の破壊も世界に衝撃を与えた。スプレーなどに使われていたフロンガスが成層圏のオゾン層を破壊し，南極上空で「オゾンホール（穴）」が確認された。オゾン層がないと宇宙から地上に紫外線が降り注ぎ，皮膚がんの原因になり人の健康に悪影響を及ぼす。これを発端にフロン類の生産・使用を規制する「モントリオール議定書」が制定された。

　もうひとつが，1986年に旧ソ連（現ウクライナ）で起きたチェルノブイリ原子力発電所の事故だ。大量の放射性物質が放出され，欧州の広域で農畜産物などの放射能汚染が問題になった。

　これらの事件が重なり，市民の間で大量生産・消費・廃棄社会への反省や懐疑が広がっていった。マイカーの代わりに公共交通機関や自転車を使う，ペットボトルではなく繰り返し使えるガラス瓶を選び，ごみをできるだけ出さないようにする，といった運動の広がりだ。筆者は1990年代以降，国際会議の取材で欧州を訪問する度にこうした光景を目にし，日本との違いを実感した。

　科学者も地球環境の悪化を示す知見を提供し，政治への働きかけを強めていった。科学者組織「気候変動に関する政府間パネル（IPCC）」は1990年から現在まで6次にわたり報告書を公表してきた。当初は「温暖化が人為的な原因で起きているかどうかは不確実」と曖昧な表現だったが，国際社会はこれを受け止め，気候変動枠組み条約を定めて対策に踏み出した。重大なリスクに対して事前に手を打つ「予防原則」に基づく動きといえる。

　地球環境問題を考えるとき，こうした大きな図式を頭に描くことが大事だ。気候変動や生物多様性保全への意識はまず市民の漠然とした不安から生まれ，科学も当初は曖昧ながらもそれを支持する知見を提供した。それが地球規模の課題（グローバルイシュー）として国際政治のテーマに発展した（図表5-1）。市民，科学，政治が呼応することで，大量生産・消費・廃棄を主導原理としていた社会が，3R（リデュース・リユース・リサイク

図表5-1　地球環境問題を見るひとつの視点

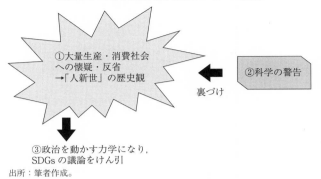

①大量生産・消費社会
への懐疑・反省
→「人新世」の歴史観

②科学の警告

裏づけ

③政治を動かす力学になり，
SDGs の議論をけん引

出所：筆者作成。

ル）を柱とした循環型社会へと変わり始めた。これはひとつの考え方で，違った見方もあるだろうが，地球環境問題に向き合う視座になるはずだ。

2　地球温暖化の科学と政治

2.1　科学的な議論をけん引してきた IPCC

まず地球温暖化がなぜ起きるか，おさらいしておこう。温暖化は二酸化炭素（CO_2）などがもつ「温室効果」によって説明される。地球には太陽光が降り注ぐ一方で，地表から宇宙へ赤外線が放出されて熱を運び出し，収支が釣り合っている。ところが一部の気体には赤外線を吸収する働きがあり，大気中の濃度が高まると熱がとじ込められて地球が冷えなくなる。

こうした効果をもつ気体は「温室効果ガス（温暖化ガス）」と呼ばれる。火力発電所や自動車で化石燃料を燃やす，工場で鉄や化学品，セメントをつくる，といった工程で CO_2 が排出される。ほかにもメタン，一酸化二窒素，フロン類が知られている。

温暖化をめぐる国際的な議論では IPCC が強い影響力を及ぼしてきた。1988年，世界気象機関（WMO）と国連環境計画（UNEP）が共同で設立し，世界各国から2000人以上の科学者が参加する組織である。

IPCC の報告書を振り返ると，当初は温暖化が人為的な活動によるもの

図表 5-2　IPCC は「人間活動による温暖化」に徐々に確信を強めた

報告書	公表年	人間活動が及ぼす温暖化への影響についての評価
第 1 次報告書 First Assessment Report 1990（FAR）	1990年	「気温上昇を生じさせるだろう」 人為起源の温室効果ガスは気候変化を生じさせる恐れがある。
第 2 次報告書 Second Assessment Report：Climate Change 1995（SAR）	1995年	「影響が全地球の気候に表れている」 識別可能な人為的影響が全球の気候に表れている。
第 3 次報告書 Third Assessment Report：Climate Change 2001（TAR）	2001年	「可能性が高い」（66％以上） 過去 50年に観測された温暖化の大部分は、温室効果ガスの濃度の増加によるものだった可能性が高い。
第 4 次報告書 Forth Assessment Report：Climate Change 2007（AR4）	2007年	「可能性が非常に高い」（90％以上） 温暖化には疑う余地がない。20世紀半ば以降の温暖化のほとんどは、人為起源の温室効果ガス濃度の増加による可能性が非常に高い。
第 5 次報告書 Fifth Assessment Report：Climate Change 2013（AR5）	2013～14年	「可能性が極めて高い」（95％以上） 温暖化には疑う余地がない。20世紀半ば以降の温暖化の主な要因は、人間の影響の可能性が極めて高い。

注：第 5 次報告書まで。
出所：環境省「IPCC 第 5 次報告書の概要」

かや、その影響について断定できず、曖昧な表現から出発したことがわかる（図表 5-2）。1990年に公表した第 1 次報告書では、人間活動によって放出された温室効果ガスが「気温上昇を生じさせるであろう」と、いかにも自信のない表現だった。2001年の第 3 次報告書でようやく「観測された温暖化の大部分は、温室効果ガス濃度の増加が原因である可能性が高い」、2007年の第 4 次報告書では「人為起源の温室効果ガスの濃度の増加による可能性が非常に高い」と、確信を込めた表現に変わっていった。

IPCC はさらに「産業革命以降の気温上昇を1.5℃以内に抑える」との目標を掲げている。温暖化は海水面の上昇や気象災害の多発、熱帯病の増加、農作物の産地の変化など社会経済に大きな影響を及ぼす。これを最小限に抑えるには、気温の上昇を最低でも 2℃以内、できれば1.5℃以内に抑える必要があることから、この目標が定められた。

2023年3月に公表された第6次報告書によれば，2011〜20年の世界の平均気温は1850〜1900年に比べて既に1.1℃上回っており，今後10〜20年で1.5℃に到達する恐れがある。このため報告では「温室効果ガスの排出を2035年に19年比で60％削減」さらに「2040年に19年比69％削減」と対策の上積みを促した。

2.2 国際政治の対応，枠組み条約からパリ協定へ

科学者からの警告に国際政治はどのように応えたのか。出発点になったのは1992年，ブラジル・リオデジャネイロで開かれた国連環境開発会議（地球サミット）だ。ここで**気候変動枠組み条約**と生物多様性条約の署名が始まり，「双子の条約」と呼ばれている。

気候変動枠組み条約では2000年までにCO_2排出を1990年レベルに安定化する目標が掲げられた。この時点では温暖化が人為起源によるものか，科学的にもまだ曖昧だったが，危機が起きる前に行動する「予防原則」に基づいて排出規制に踏み出した点で，画期的な国際条約といえる。[2]

条約には「共通だが差異ある責任原則」という重要な概念も明記された。平たくいえば「皆が責任を果たすべきだが，程度は差があってよい」という内容で，この原則はその後の国際交渉の基軸になった。

温暖化の責任は誰が負うべきかは，当時から先進国と途上国の間で鋭い対立点になっていた。温暖化の原因は人為起源による温室効果ガスの排出であり，蒸気機関の発明によって産業革命が起こり，西欧や米国，日本などの先進国が先に経済成長を果たすことでCO_2の排出が増えた。一方で，1990年代時点では新興国の多くは経済成長の緒に就いたばかりだった。新興・途上国は「産業革命を先に果たしたのは先進国だから，温暖化の責任は先進国が負うべきだ」「新興国・途上国が今後開発の道を歩む権利を奪うのか」などと主張し，先進国と対立した。それを仲裁する概念が「共通だが差異ある責任」といえる。

条約は総論賛成でスピード合意できたものの，具体策は盛り込めず，別の国際ルールで定めることになった。それを定めたのが1997年，京都で開

日本6％、米7％、EU8％

温暖化ガス　削減目標で先進国合意

対象ガスは6種類

途上国反発で再調整も

京都会議閉幕へ

出所：『日本経済新聞』1997年12月11日付（朝刊）。

かれた第3回締約国会議（COP3）で採択された京都議定書だ。

　この議定書では先進国だけが温室効果ガスの削減義務を負い，2010年を目標に1990年比で日本が6％，米国が7％，欧州連合（EU）が8％の削減を目指すことで合意が成立した（図表5-3）。筆者はこの交渉を議場で取材していたが，2週間にわたる徹夜の会議で交渉担当者は疲弊し，合意にこぎつけた達成感よりも疲労感が大きかったことを覚えている。

　交渉が難航したのは，CO_2の排出を減らすためには省エネに巨額の費用を投じたり，化石燃料の消費に炭素税を課したりする必要があり，経済活動にブレーキを掛けかねないからだ。1991年に旧ソ連が崩壊して東西冷戦が終結し，資本主義陣営の国同士が貿易不均衡をめぐり牽制しあう「北北対立」の様相を強めていた。日本と米国の間でも半導体や自動車をめぐ

るハイテク摩擦が深刻化していた。

　京都議定書の採択により，温暖化防止が動き始めたかのように見えたのも束の間，すぐに曲がり角に差し掛かる。ひとつが当時，世界最大の排出国だった米国の離脱だ。2001年に共和党のジョージ・ブッシュ大統領が就任すると，京都議定書からの離脱を表明した。

　もうひとつの変化が2007年，中国がCO_2排出量で世界首位に躍り出たことだ。中国は当時，人口が世界最多で，急速な経済成長が続いており，省エネ設備の導入もこれからという状況だった。

　こうなると先進国だけに削減義務を課す京都議定書の限界が明らかになり，新興・途上国を巻き込んだ目標づくりが急務になった。だが新興・途上国にも先進国と同等の削減義務を課すのでは，反発は避けられない。2011年に南アフリカのダーバンで開かれた気候変動枠組み条約第17回締約国会議（COP 17）で，すべての国が参加する国際ルールをつくることでなんとか合意が成立し，2015年にパリで開くCOP 21で「**パリ協定**」として採択することを目指して交渉が始まった。

2.3　それでも遠い「1.5℃目標」達成

　パリ協定の交渉も難航が続いた。「全員参加」を実現するには，新たに参加する新興国や途上国に法的拘束力のある義務を課す必要がある。しかし，厳しすぎる義務を課すと，参加をためらう国が増え，全員参加が実現しないのではというジレンマに陥った。

　これを解決したのが，各国が目標を定めることは義務づけるが，達成できなくても罰則は科さない方式だ。各国が目標を「約束」して，その達成は自主努力に委ねる。達成を義務づけないのでは実効性に欠くようにみえるが，国際的な報告・検証の仕組みを導入することで課題を克服することにした。各国の排出量や対策の状況を条約事務局に報告させたり，専門家を派遣したりして，透明性を高めてチェックする仕組みだ。こうした仕組みを取り入れることで，パリ協定はようやく合意にこぎつけた。

　しかし，パリ協定は地球温暖化を食い止める第一歩にすぎない。条約事

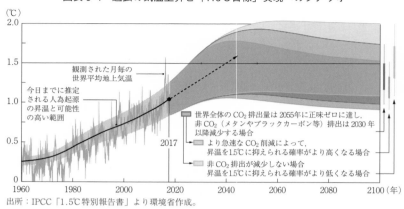

図表5-4　過去の気温上昇と「1.5℃目標」実現へのシナリオ

出所：IPCC「1.5℃特別報告書」より環境省作成。

務局などの試算によれば，協定で各国が示した目標をすべて達成しても地球の気温は2.7℃以上も上がってしまう。「1.5℃目標」を達成するには，2050年までに温室効果ガスの排出量を実質的にゼロにする必要があり，地球全体で炭素の排出と吸収の収支を釣り合わせる「**カーボンニュートラル**」が提唱された。

　だが，その達成は容易ではない。2020年時点で世界全体で約540億トン排出していた温室効果ガスを，今後30年間に一気にゼロにする必要がある。このシナリオを実現するため，2030年時点で排出できる温室効果ガスは約300億トン，さらに2040年には約200億トンに抑えなければならない。裏返せば，カーボンニュートラルの達成には排出量を限られた枠内に収めねばならず，この枠は予算になぞらえて「カーボンバジェット（炭素予算）」とも呼ばれる。

　日本もパリ協定の締結当初は2030年度に2013年度比26％削減をめざすと約束していたが，2021年に目標を見直し，「2013年度比46％削減」と大幅に上方修正したうえで，50％削減へ挑戦を続けるとした。よく言えば野心的だが，ハードルの高い目標であり，温暖化対策はこれから正念場を迎える。

　新興・途上国が持続的に対策に取り組めるかも問われる。とくに「グロ

=第Ⅱ部　SDGsから描き出す課題とミライ=

ーバルサウス」と呼ばれる南の国々では，温暖化対策に振り向けられる財源は乏しい。先進国が途上国への資金支援や技術移転で責任を果たせるかどうかも問われている。

3　瀬戸際の生物多様性保全

3.1　理念高いが実効性欠く生物多様性条約

　危機が迫っているのは温暖化だけではない。生物種や生態系を保全するため1992年に生物多様性条約が採択されたが，法的拘束力が弱いこともあり，国際目標はほとんど達成できていない。

　生物多様性の危機も1980年代から科学者が警告してきた。英国の生物学者ノーマン・マイアーズは「地球の生物種はかつてないスピードで絶滅している」と大量絶滅の危機を世界に先駆けて警告し，オーストラリアの生物学者ロバート・メイは生態系が微妙なバランスの上に成り立っていることを数理モデルで解明した。米国のエドワード・O・ウィルソンも米ピューリッツアー賞を受賞した著作を通じ，生態系保全の重要性を訴えてきた。

　1993年に発効した生物多様性条約は，生態系，種，遺伝子の３つ多様性を保全の対象に掲げている。生物の種だけでなく，すみかとなる森林，湿原，河川，サンゴ礁などの環境を守り，多様な環境への適応力を生み出している遺伝子の多様性も守ろうという考えだ。条約では先住民が伝統的な暮らしや文化を通じて，植物や動物を食品や薬などに利用してきたことにも注目し，先住民の権利保護にも言及した。生物多様性の保全と人権保護とを関連づけ，SDGs を先取りした理念の高い条約といえる。

　2010年，名古屋市で開かれた第10回締約国会議（COP 10）では「愛知目標」が定められ，自然環境の保全や生物種の絶滅を防ぐなど，計20の目標が盛り込まれた。国際目標をもとに各国が戦略を定め，生物多様性の保全をめざそうという考え方だ。

　しかし，残念ながら成果はほとんど上がっていない。2020年，国連が愛知目標の達成状況を点検したところ，20の目標のうち完全に達成されたの

図表 5-5　多様性条約の「愛知目標」は未達に終わった

愛知目標の20項目で完全に達成できたものはなかった

① 生物多様性の価値を人々が認識する
② 生物多様性の価値が国の戦略に組みこまれる
③ 生物多様性にとって負の影響を最小化する
④ 持続可能な生産や消費に向けて行動する
⑤ 森林の損失の速度を半減させる
⑥ 魚の過剰漁獲を避ける
⑦ 農業や林業が持続的に管理される
⑧ 過剰栄養による汚染を抑える
⑨ 侵略的な外来種の定着を防ぐ
⑩ サンゴ礁などの海の脆弱な生態系を守る

⑪ 陸域や内陸水域の17%を保全する
⑫ 絶滅危惧種の絶滅を防止する
⑬ 遺伝子の多様性を維持する
⑭ 生態系が人に与えるサービスを守る
⑮ 劣化した生態系を回復させる
⑯ 遺伝資源の取得機会を平等にする
⑰ 15年までに国家戦略を策定する
⑱ 地域社会の伝統が制度で守られる
⑲ 生物多様性に関する知識を高める
⑳ 生物多様性を守る資金を増やす

■ 特に達成から遠ざかっているもの　▨ 部分的に達成がみられるもの

出所：『日本経済新聞』2020年10月16日付（朝刊）。

はひとつもなかった。「侵略的な外来種の定着を防ぐ」「陸域や内陸水域の17％を保全する」など５つは「部分的に達成できた」と総括した。しかし「森林の損失の速度を半減させる」「サンゴ礁などの海の脆弱な生態系を守る」などの４項目は「達成から遠ざかっている」と，厳しい評価となった。条約や愛知目標は法的拘束力がなく，各国が目標を達成できなくても罰則などがない。このため対策の実効性をどう高めるかが課題になった。

3.2　「自然再興」を掲げた新長期目標

　こうした状況を受け，2021年10月に中国の昆明，22年12月にカナダのモントリオールで開かれた生物多様性条約第15回締約国会議（COP 15）では，2030年までに達成をめざす新たな目標を定めた。「昆明・モントリオール生物多様性枠組み」だ。生物多様性を損失から反転させ，改善に向かわせる「ネイチャーポジティブ（自然再興）」を基本とし，愛知目標の後継として「陸域と海域の30％を国立公園のような保全区域にする」「侵略的な外来種の導入や定着を半減する」など23の目標を盛り込んだ。(3) 途上国の環境保全活動の支援のため先進国が中心になり2000億ドルの資金を確保する目標も示された。

　科学の知見を各国の政策に反映したり，企業の参加を促したりすることも重要だ。温暖化対策で科学者組織の IPCC が大きな役割を果たしたのを

踏まえ，この分野でも世界の科学者を集め，「生物多様性と生態系サービスに関する政府間科学－政策プラットフォーム」（IPBES）が2012年発足した。企業に対しても，ビジネスが生物多様性に及ぼす影響を分析し，財務情報として公開する「自然関連財務情報開示タスクフォース」（TNFD）という仕組みづくりが動き出している。

　IPBES が2022年にまとめた報告書は，地球環境の行方について厳しい見方を示している。このままの成り行きでは地球は破滅に向かい，「脱成長」まで選択肢に含めないと地球を守れないとの考え方だ。地球環境を人間が生きる基盤となる「自然資本」と考え，共生することが求められている。

4　地球環境保全で避けられないトレードオフ

4.1　太陽光発電が自然破壊，温暖化対策と多様性保全が対立

　本章の最終節では地球環境問題に潜む落とし穴について触れておきたい。環境保全の対応策にはトレードオフが避けられないことである。

　一例として，大規模太陽光発電所（メガソーラー）の建設をめぐり，各地の自治体や住民から反対が起きている問題が挙げられる。温暖化防止へ再生可能エネルギーが注目され，とくに太陽光発電は電気を高値で買い取る「固定価格買取制度」により急速に普及した。その一方で，用地確保のため山林を伐採して土砂災害のリスクが高まったり，景観を悪化させたりし，弊害も無視できなくなっている。再生エネルギー活用のつもりが逆に環境を悪化させるケースがあるわけだ。

　温暖化対策が生物多様性を損なうこともある。一例がユーカリの植林だ。ユーカリは成長が早く，光合成により CO_2 を吸収・固定する効率が高いので，製紙会社などが大規模植林を計画した。しかし，これに環境 NGOなどがクレームをつけた。単一の樹種だけを植える一斉植林は生物多様性を損なう恐れがあるからだ。

　このようにメリットとデメリットが併存して対立する関係がトレードオ

フである。二律背反，あちら立てればこちら立たず，ともいえる。トレードオフは経済や政治を含め一般的に使われる概念だが，地球環境問題ではとりわけ考慮が要る。ひとつの目標達成のための行動が他の目標達成にネガティブな効果をもたらすことがあるからだ。[(4)]

　これが「グリーンウオッシュ（まやかしの環境対策）」として社会的な批判を浴びることもある。英語では，都合の悪い物事を洗ってごまかすことをホワイトウオッシュ（whitewash）といい，それを環境（グリーン）に置き換えたのがグリーンウオッシュだ。欧州などで環境 NGO や消費者団体が問題視し，英国やフランスなどで政府が規制に動き出した。

　二酸化炭素の排出が多い石炭火力発電所に融資した日本のメガバンクや，熱帯林を伐採したパーム油業者と取引した食品メーカーがグリーンウオッシュとして批判を浴びた。環境保全の取り組みのどこかに矛盾があると批判の対象になりかねない。

4.2　多様なステークホルダー，他者のまなざし

　SDGs の17目標をめぐってもトレードオフが至るところに潜む。ひとつの目標を達成しようとすると，別の目標を犠牲にせざるを得ない場合があるからだ。

　「気候変動に具体的な対策を」（目標13）が「陸の豊かさも守ろう」（目標15）とときに対立することは，ユーカリの事例で示した。ほかにも「すべての人に健康と福祉を」（目標3）と「質の高い教育をみんなに」（目標4）は2つとも実現できれば理想的だが，多くの国で財源に限りがあるなか「どちらも手厚く」というわけにはいかない。

　「飢餓をゼロに」（目標2）を達成するため，フードロスをなくすことはどうか。スーパーやコンビニが生鮮食品や弁当の仕入れを減らせば売れ残りも減るが，店にとっては機会損失（売り上げ減）につながり，食材を提供する生産者も影響を受ける。コンビニを冷蔵庫代わりにしている消費者にも不便で，決して「三方よし」ではない。

　地球環境保全の取り組みは様々な主体がかかわる。メガソーラーを例に

とれば，発電所を建設・運転する企業やその株主，土地の提供者，許認可にあたる行政，電力会社，地域住民などが利害関係者だ。土砂災害や洪水のリスクを考えると，下流の住民も利害関係者になる。

そこで重要になるのが「他者のまなざし」をもって物事を見ることだ。事業者が地域住民の立場になってみれば，発電所が土砂災害を起こすリスクに敏感になるはずだ。行政の視点からみれば，事業が地域社会の利益になるかどうかなど，別の視点から計画をチェックできる。それぞれの視点から対応を考えることで，トレードオフを認識できるようなる。

「他者のまなざし」の重要性は，SDGs の17目標のすべてに当てはまる。何かを達成しようとするときに，何かを犠牲にしていないか，常にチェックする。もし利害が対立する当事者がいれば，対話を通じて調整し，デメリットが最小になるように計画を修正する。

こう考えると，SDGs は「金科玉条」や「至上命題」として達成ありきの目標ではないことが理解できる。17の目標すべてで100点満点を取れれば文句ないが，どれかで満点をめざせば，別の目標が犠牲になる。とすれば，多くの目標で例えば70点をめざすのはひとつの考え方だろう。目標に優先順位をつけてもよい。それには地域や国ごとに利害関係者が話し合い，合意する必要がある。SDGs は目標を提示するとともに，そうした利害調整の要請をしているともいえる。

おわりに（展望）

地球環境問題の深刻さを12時間表示の時計で示すと，2023年時点では9時31分——。旭硝子財団は世界各国の1000人を超える有識者に環境問題の危機感をアンケートで尋ね，結果を「環境危機時計」として公表している。調査を始めた1992年（7時49分）に比べ時計の針は1時間40分以上も進み，残された時間の猶予は減っているが，環境危機を回避する道筋はなおも見えない。

様々な環境問題のなかで温暖化防止が急務であることは間違いないが，温暖化防止の手立てがときに生物多様性や防災にネガティブな影響をもた

らすなど，トレードオフの関係が潜むことは忘れてならない。脱炭素の取り組みが日本でも加速するが，それが他の環境対策の足を引っ張らないように注意が必要だ。

　そのためには本章最終節で指摘したように，問題にかかわるすべてのステークホルダーが「他者のまなざし」をもって，ひとつの事物を多面的・多角的に考察することが欠かせない。部分最適に陥ることなく，よりよい最適解をめざすための思考力を養ってほしい。

注
⑴　Donella. H, Meadows（1972）『成長の限界—ローマクラブ「人類の危機」レポート』ダイヤモンド社。
⑵　小西雅子（2016）『地球温暖化は解決できるのか—パリ協定から未来へ！』岩波書店，pp. 45-46。
⑶　環境省（2023）『令和5年版環境白書・循環型社会白書・生物多様性白書』，p. 15。
⑷　竹本和彦編（2020）『環境政策論講義—SDGs達成に向けて』東京大学出版会，p. 197。

<table>
<tr><td>第 6 章</td><td>科学技術で持続可能な世界を築けるのか</td></tr>
</table>

永田好生

———————— 要　旨 ————————

1.　現代社会における科学と技術，そしてイノベーションの位置づけを概観し，
　　SDGs の目標達成に向けてどのような役割を果たすのかについて解説する。そ
　　れが本章の目的である。
2.　SDGs の課題を解決していくために，科学技術が直接重要な役割を果たす分
　　野は数多く存在する。間接的であっても大きな貢献をするテーマはたくさんあ
　　り，強い科学技術力を保つことは，国際社会を生き抜いていく日本にとり，と
　　ても大切な目標といえる。
3.　科学技術には「もろ刃の剣」という問題が常につきまとう。振興するにあた
　　り最も注意しなければいけない点で，人文科学・社会科学の研究者とも連携し
　　て誤った道に進まないよう，また選択を間違えたときは軌道を修正できるよう
　　にしなければいけない。

▶key words：イノベーション，ソサエティ5.0，人工知能（AI），ゲノム編集，
　　　　　　　ライフ・サイクル・アセスメント（LCA）

はじめに

　科学技術は，政治や経済，芸術，スポーツなどと並ぶ人間独自の活動で
あり，興味の尽きない分野だ。受験勉強で数学や物理，化学などの科目で
悩んだ人たちがこの言葉を聞くと，とっつきにくく面倒な感じがしてしま
い，専門家に任せればいいやと距離を置く気持ちが起きてしまうかもしれ
ない。しかし私たちの日常的な生活は，エネルギーや交通，通信・インタ
ーネット，医療・健康など様々な場面で科学技術がなくては成り立たず，
現代社会において避けて通ることができない基盤になっている。SDGs の
目標達成を目指していくうえでも科学技術は重要な要素といえる。どのよ
うに接すればよいのか，どうやって利用していくのか，ときには向かい合
って考えてみるのもよいのではないだろうか。

1　SDGs 誕生までの議論

　国連が SDGs の旗を振るまでに，前触れともいえる議論が長く続いていた。その端緒とされるのは，米国のレイチェル・カールソンが1962年に著した『沈黙の春』だろう。農薬の散布によって虫や小動物がいなくなり，森から鳥や動物が消え，生態系が壊れていく危機を唱えた。当初この書籍に対し「内容に間違いがある」と異論を唱える声が出た。しかし人々が自然が失われていく現実を目の当たりにして認識は改められ，今では記念碑的な作品と位置づけられている。

　イタリアにタイプライターで名をはせたオリベッティという名門企業がある。今は通信会社の傘下に入りコンピューターを販売している。1970年代，その会社の経営者が中心になり「ローマクラブ」というシンクタンクを創設した。気鋭の科学者らを集めて当時はまだ珍しいコンピューターを使った「世界モデル」を開発，人類の未来を予測する報告書『成長の限界』を1972年に発表した。この報告書は「このままの成長を続ければ，資源は枯渇し環境が破壊される。人類が破滅する危機を迎えるため，路線を変えなければいけない」と説き，世界に大きな衝撃を与えた。

　先進国ではその頃，工業化や都市化による弊害が大きな社会問題になっていた。日本でも大気汚染や水質汚染などの公害が発生していた。有機水銀によって引き起こされた水俣病はその代表的な例だ。有機水銀を含んだ魚を食べた人たちの被害救済の訴訟は現在も続き，深い傷を残している。

　こうした動向を受け国連は1972年，スウェーデンのストックホルムで「人間環境会議」を開催した。通称「ストックホルム会議」とも呼ばれ，「かけがいのない地球」をスローガンに掲げた最初の国際会議であり，国連の重要施策に加わる第一歩となった。

　続いて国連は1984年，後にノルウェーの首相になるグロ・ハーレム・ブルントラントを委員長に「環境と開発に関する世界委員会」を設置し，3年後に『Our Common Future（我ら共有の未来）』という報告書をまとめた。この報告書の中で初めて「Sustainable Development（持続可能な開

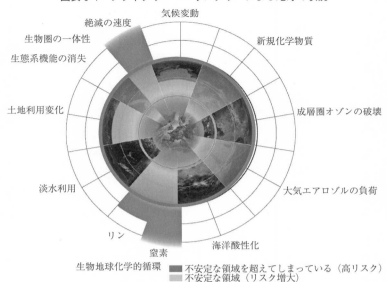

図表 6-1　プラネタリー・バウンダリーによる地球の状況

出所：環境省『2018年版環境・循環型社会・生物多様性白書』。

発）」という考え方が打ち出され，世界共通の目標にする機運が高まった。
この発想がその後のミレニアム開発目標（MDGs）とSDGsに影響を及ぼ
している。

　地球が生命を維持できる容量には限界があるといわれる。人口が少なく
資源や食料などを大量に消費しなければ，豊富な埋蔵量や自然界の再生機
能などを背景に大きな心配をしなくてもよかった。しかし人間が欲望のま
まに活動し始めると，問題はあらわになり様々な制約が見え始めてくる。
欧州で2009年に提唱された「プラネタリー・バウンダリー（地球の限界）」
という考え方では，バウンダリーの範囲内にとどまっていれば社会は発展
を続け繁栄できるものの，いったん限界を越えると回復不可能な変化が起
きると予測している。そんな変化を起こしてはいけないという認識が，い
ま世界で共有されてきたといえる。

2　大学における SDGs の取り組み

　SDGs のゴールの中には，9番の「産業と技術革新の基盤をつくろう」のように直接，科学技術と関わる目標がある。また3番の「すべての人に健康と福祉を」や7番の「エネルギーをみんなにそしてクリーンに」など，科学技術が大きな役割を果たすと考えられる項目も目に付く。国連に指摘されるまでもなく，多くの科学者や技術者たちは，私たちが豊かで平和に暮らせる世界を大きな目標にして研究や開発に取り組んでいる。

　最近は多くの大学がホームページで情報を発信し，所属する研究者の成果を分かりやすく紹介する例が増えている。SDGs 時代に合わせ，その研究がどのゴールの解決に結びつく可能性があるのかを発表している。興味のある大学の研究成果のサイトを一度，試しに検索してみてほしい。

　日本に唯一ある国連機関，国連大学は2020年に SGDs 達成に向け積極的に取り組む国内の大学の協力を深めようと「国連大学 SDG 大学連携プラットフォーム（SDG-UP）」という組織を立ち上げた。2023年10月時点で国内の国公私立32大学が参画している。

　2021年にまとめた活動報告「持続可能な社会に向けた大学の行動変容のための提言[1]」は，28大学の個別の活動例を紹介している。自然エネルギー100％の調達を目指した千葉商科大学，SDGs を意識した全学教育カリキュラムを導入した東京理科大学，「サステイナブルキャンパス評価システム」を開発して大学運営の改善に利用している北海道大学など特色ある取り組みを列記している。これから挑戦する大学にとっても参考になりそうだ。

　世界では大学の様々な活動を格付けする事業も盛んに行われ，SDGs に関する活動を調べたランキングも2019年に登場した。英国の情報誌「タイムズ・ハイヤー・エデュケーション」が作成した2023年の世界の総合ランキングでは，北海道大学が日本で最も上位に付け22位だった。前年は10位だったが，他の大学もこのランキングを意識して競争が激しくなっているとみられ，順位を落とした。日本の大学はこうした取り組みや宣伝が少し

下手で，積極的に上位に食い込もうという熱意が海外勢に比べて低いとも
いわれている。

3　科学技術政策と SDGs

　日本の科学技術政策は現在，1995年に議員立法で成立した「科学技術基
本法」に基づいて進められている。内閣府の総合科学技術・イノベーショ
ン会議が５年ごとに「科学技術基本計画」を策定し，その時々にふさわし
いテーマを各府省が役割を分担して取り組む仕組みだ。行政手法的には，
この計画に目標となる科学技術研究費を盛り込み，財政当局による予算抑
制の圧力を回避しようとする狙いがある。

　科学技術基本法は2021年に科学技術・イノベーション基本法に改正され，
科学技術によってイノベーションも促そうという趣旨を込めた。現在は
2021年度から始まった第６期の最中で，イノベーションの強化，研究力の
強化，教育・人材育成を３本柱とし，国民の安全・安心が確保される社会，
一人ひとりの多様な幸せが実現できる社会の実現をめざそうと唱えている。

　第６期の基本計画で大きな特色は「ソサエティ5.0」というキーワード
を盛り込み，新しい社会像の達成のために科学技術の振興を呼びかけたと
ころにある。

　ソサエティ5.0とは21世紀に入って私たちが迎えている新しい社会の姿
を表す抽象的な概念だ。人類は誕生して以降，長く狩猟社会（ソサエティ
1.0）を生きてきた。やがて農作物を栽培して定住する農耕社会（ソサエテ
ィ2.0）に入り，その後産業革命や石油の発見・利用などを通して工業社
会（ソサエティ3.0）へと移った。

　20世紀後半，コンピューターの実用化やインターネットの普及によって
情報社会（ソサエティ4.0）へと進み，ビッグデータや人工知能（AI）など
のデジタル革命によってさらに社会の変革が起きると予想される。それが
ソサエティ5.0にあたる。

　ただそれがどのような社会なのかは明確に定義されているわけではない。

図表 6-2　科学技術基本政策の変遷

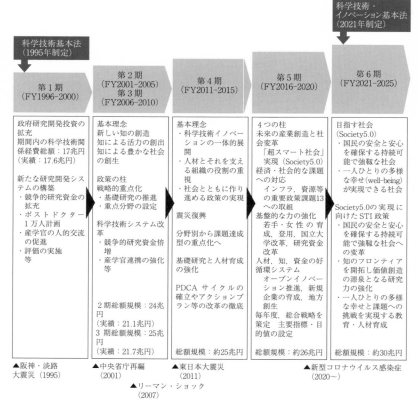

科学技術基本法（1995年制定）				科学技術・イノベーション基本法（2021年制定）
第1期（FY1996-2000）	第2期（FY2001-2005）第3期（FY2006-2010）	第4期（FY2011-2015）	第5期（FY2016-2020）	第6期（FY2021-2025）
政府研究開発投資の拡充 期間内の科学技術関係経費総額：17兆円（実績：17.6兆円） 新たな研究開発システムの構築 ・競争的研究資金の拡充 ・ポストドクター1万人計画 ・産学官の人的交流の促進 ・評価の実施 等	基本理念 新しい知の創造 知による活力の創出 知による豊かな社会の創生 政策の柱 戦略的重点化 ・基礎研究の推進 ・重点分野の設定 科学技術システム改革 ・競争的研究資金倍増 ・産学官連携の強化 等 2期総額規模：24兆円（実績：21.1兆円）3期総額規模：25兆円（実績：21.7兆円）	基本理念 ・科学技術イノベーションの一体的展開 ・人材とそれを支える組織の役割の重視 ・社会とともに作り進める政策の実現 震災復興 分野別から課題達成型の重点化へ 基礎研究と人材育成の強化 PDCAサイクルの確立やアクションプラン等の改革の徹底 総額規模：約25兆円	4つの柱 未来の産業創造と社会変革 「超スマート社会」実現（Society5.0） 経済・社会的な課題への対応 インフラ，資源等の重要政策課題13への取組 基盤的な力の強化 若手・女性の育成，登用，国立大学改革，研究資金改革 人材，知，資金の好循環システム オープンイノベーション推進，新規企業の育成，地方創生 毎年度，総合戦略を策定 主要指標・目的値の設定 総額規模：約26兆円	目指す社会（Society5.0） ・国民の安全と安心を確保する持続可能で強靭な社会 ・一人ひとりの多様な幸せ（well-being）が実現できる社会 Society5.0の実現に向けたSTI政策 ・国民の安全と安心を確保する持続可能で強靭な社会への変革 ・知のフロンティアを開拓し価値創造の源泉となる研究力の強化 ・一人ひとりの多様な幸せと課題への挑戦を実現する教育・人材育成
▲阪神・淡路大震災（1995）	▲中央省庁再編（2001）▲リーマン・ショック（2007）	▲東日本大震災（2011）		▲新型コロナウイルス感染症（2020～）

出所：科学技術振興機構『日本の科学技術・イノベーション政策（2022年）』。

第Ⅱ部　SDGsから描き出す課題とミライ

　均一ではなく多様性を尊重する社会，集中型ではなく分散型の社会，規模の拡大や効率を優先するのではなく価値を生み出し人々の安全と安心をかなえる社会，といった姿が考えられている。資源の大量消費や環境に負荷をかける活動は相いれない社会ととらえられ，ここに持続可能性や自然との共生という，SDGsと共通する考え方が見いだせる。

図表6-3　ソサエティ5.0の概要

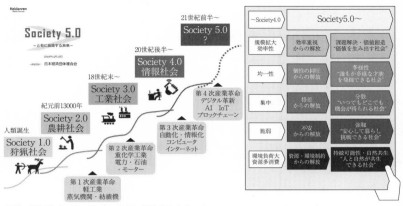

出所：経団連「Society 5.0―ともに創造する未来―」。

4　科学技術イノベーション推進への課題

　科学技術イノベーション活動の推進がSDGs目標の達成に役立つことは間違いないだろう。関連する具体的なテーマについてはこれまでに多くの分析が出ている。科学技術振興機構の「SDGs達成に向けた科学技術イノベーションの実践」[2]は，環境・エネルギーやデジタルテクノロジー，バイオテクノロジーなど5つの領域で有望な事例を列挙した。

　文部科学省の科学技術・学術政策研究所の「SDGsの達成に資すると考えられる将来の科学技術の試行的探索」[3]では，日本にとって重要なテーマや現時点での日本の国際競争力などの視点も加味し，SDGsと関連の高い科学技術トピックスを洗い出している。例えば「老化に伴う運動機能低下の予防・治療法」は重要度で2番目に位置するが，これに関する健康・医療・生命科学分野の日本の国際競争力は相対的に弱い状況も点数表示で明記した。

　推進にあたって課題は多い。一番の問題点と考えられているのは，日本の科学技術基盤の弱体化だ。

　科学技術の水準を示す代表的な指標はノーベル賞の受賞者数だ。物理，

化学，生理学・医学の自然科学のノーベル賞を受賞した日本生まれの研究者は，1949年の湯川秀樹氏以降2021年の真鍋淑郎氏まで25人にのぼる。400人に迫る米国，100人を超す英国には及ばないが，国別の順位では第7位に入っている。近代科学技術が欧米で発展してきた歴史を考えると，やや特異な現象でもある。

　しかしこれを日本の科学技術の現在の水準ととらえてはいけない事態が進行している。国の科学技術の予算が伸び悩み，大学で研究者を長期雇用できるポストが増えない。企業も基礎的な研究から離脱し，大学の成果を受け継いで事業に育てていく力が乏しくなっている。博士課程に進んで研究開発の道に進む若者も少なくなった。

　これらは研究成果の集大成でもある論文に影響を及ぼす。科学技術強国にまい進する中国は2017年，自然科学分野の主要誌に掲載される論文の件数が米国を上回り世界一になった。注目される論文は他の研究者に引用される。引用回数の多い論文の数は研究の質の高さの指標になる。中国は2018年，よく引用される論文の数でも米国を抜いて名実ともにトップに立った。

　日本はこの間，落ち込み続けている。科学技術・学術政策研究所がまとめた「科学技術指標2023」によると，2019〜2021年の3年間の平均で年間7万775件の論文を発表する日本は世界シェア3.8%で5位につけているが，10年前の調査では3位だった。引用回数の多い上位10%の論文数に限ると3767件（シェアは2%）で13位にとどまり10年前の6位から，上位1%の論文数は319件（同1.7%）で10年前の7位から大きく順位を下げている。

　優れた研究を発表していると，著名な科学誌の編集委員を任されたり，主要な国際会議の講演に招待されたりする。そんな日本人研究者はこれまで主な研究分野に1人はいたが，最近はそんな声のかかる日本人研究者がいなくなっているといわれる。材料が専門の相田卓三・東京大学卓越教授は米国の著名科学誌，サイエンスの諮問委員を務めている唯一の日本人だ。10年ほど前には5〜6人いた。相田卓越教授は「日本が最先端研究の国際ネットワークから無視され始めている」と危機感を募らす。

図表6-4　2019〜2021年の年平均の総論文数と引用回数が上位の論文数の国別順位

	総論文数	10年前の順位		上位10%	10年前の順位		上位1%	10年前の順位
1位	中国	2 ⬆	1位	中国	2 ⬆	1位	中国	2 ⬆
2	米国	1 ⬇	2	米国	1 ⬇	2	米国	1 ⬇
3	インド	8 ⬆	3	英国	3 ➡	3	英国	3 ➡
4	ドイツ	4 ➡	12	イラン	20 ⬆	11	韓国	13 ⬆
5	日本	3 ⬇	13	日本	6 ⬇	12	日本	7 ⬇
6	英国	5 ⬇	14	オランダ	11 ⬇	13	オランダ	9 ⬇

注：矢印は10年前からのランキングの変化。英クラリベイトのデータから文科省科学技術・学術政策研究所が集計。

出所：『日本経済新聞』2023年8月8日付（日経電子版）。

　科学技術の力はイノベーション創出の源泉でもある。SDGs活動の世界的なレビューからは，目標の達成度とイノベーション力の高さは相関しているという分析が出ている。スイスの国際経営開発研究所（IMD）が毎年発表している国際競争力年鑑で日本は1992年まで1位だったが，1997年に17位に急落してからは低迷を続け，2023年には35位にまで下がった。世界で相対的に日本のイノベーション力が低下していけば，SDGsの達成度にも影響が出てくると予想される。このような悪い連鎖はなんとしても食い止めなければいけない。

5　イノベーションに対する誤解

　科学技術はイノベーションを創出する重要な推進剤となるが，絶対に必要であるわけではない。技術革新がイノベーションと同義にとらえられる議論がよくみられるが，イノベーションはもっと大きな概念で，広く社会を変革する過程を指す。

　分かりやすい例は，米国で宅配便の航空網を確立したフェデックスの「ハブ・アンド・スポーク」だ。ハブとなる拠点空港に荷物をいったん集め，届ける先に近い空港に配送するシステムを開発した。荷物を送り手から受け取り手へ個別に届ける方法では配送網が複雑になり経済的に成り立

たない。なんら新しい技術を導入することなくハブ・アンド・スポークというアイデアによって小型貨物輸送にイノベーションを起こした。

　日本なら回転すしがこれに相当するだろう。皿に乗せたすしを小さなベルトコンベアで提供する業態は広く受け入れられ，今では訪日外国人にとって欠かせない楽しみの一つになっているし，大手のチェーン店は海外に出店して人気を博している。

　「イノベーションは研究所から生まれる」という思い込みは排除しなければいけない。場所や職業を問わず可能であり，イノベーションを目指す情熱が重要なのだ。

6　科学技術はもろ刃の剣

　科学技術が高度に専門化し影響力が強まった現代では，利点ばかりを強調するのではなく負の側面にも注意を払う必要がある。スマートフォンはとても便利な小型の情報端末機だが，人によってはゲームにはまって時間を費やしてしまう問題と背中合わせだ。原子力利用は発電で一定の役割を果たしているが，東日本大震災に伴う東京電力福島第1原子力発電所事故を通じて厳重な安全管理と切り離せないことを，私たちは身をもって学んだ。

　このところ大きな話題になっている2つの技術は試金石になるだろう。

　1つはAIだ。深層学習という手法を用いて急速に性能が高まり，生成AIと呼ばれるタイプで2022年に登場した「Chat（チャット）GPT」は，人と同じように文章を書けると注目を集めた。一方で，生成AIはニセの画像を作り出しうそのニュースを流すことにも使われた。米国のトランプ元大統領が逮捕されたという情報がSNS（交流サイト）で拡散し，ローマ教皇のイメージとはかけ離れた白いダウンコート姿の教皇フランシスコの画像が話題になった。コンピューターウイルスの開発に悪用できるとも心配されている。

　AIの開発と利用に対しては，各国が早くからガイドラインのような枠

組みが必要になると検討を重ねてきた。日本も内閣府に「人間中心の AI 社会原則検討会議」を設置し2018年には社会が AI を受け入れ適正に利用するために留意すべき基本原則をまとめた。高度な道具として人間の仕事を補助するなどとした「人間中心の原則」や，個人の自由や尊厳，平等が侵害されないようにすべきと説く「プライバシー確保の原則」など7原則を打ち出している。

　人工知能学会も2014年に倫理委員会を設置し，研究開発と並行して倫理面からきちんと評価する視点の重要性を議論してきたし，AI 研究に取り組む大手企業もまた AI 利用が及ぼす社会的な影響を事前に評価するようにルールを作成している。

　もう一つの話題の科学技術は**ゲノム編集**だ。従来の遺伝子組み換え技術に比べ効率よく遺伝子の配列を操作する手法で，2012年にこの技術を発表した2人の女性研究者は2020年のノーベル化学賞を受賞した。

　開発者の一人，米カリフォルニア大学のジェニファー・ダウドナ教授は，この技術の威力を当初から確信し，研究開発を阻害せず間違った利用を防ぐ取り組みが必要だと訴えていた。遺伝子組み換え技術が誕生した後，研究者たちが自主的に集まってその取り扱いについて議論した1975年の「アシロマ会議」にならって国際会議の招集を呼びかけ，2015年に最初の会議を米ワシントンで開催した。

　2回目の会議を2018年に香港で開催したとき，思わぬ発表があった。中国の研究者が「ヒト免疫不全ウイルス（HIV）感染予防のため，ゲノム編集をヒトの受精卵に応用した」と公表したのだ。

　HIV が感染する際の標的となるたんぱく質を作れないようにして予防する筋書きを思い描いていたが，ゲノム編集はまだ，狙った通りに確実に配列を変える性能はない。誤った場所の配列を操作してしまうミスも起こりうる。それをこれから誕生する受精卵に利用するのは間違っていると，詰めかけた聴衆から激しい批判を浴びた。HIV 感染予防を目的とするなら，ウイルスを洗浄するほかの方法が実用化されており，あえてゲノム編集を応用する必要もなかった。

この研究者はその後，違法な研究を手掛けたとして大学の役職を解かれ，逮捕された。関係者にとって衝撃的な出来事で，受精卵を対象にするゲノム編集の基礎研究は認めつつ，医療への応用は当面しないという認識を国際的に共有する重要性を再確認した。

福音をもたらす科学技術には，国力の向上や研究者の名声を高めるといった付随的な働きがつきまとう。研究開発の競争が激しくなると，当初の目標から外れ，功を急いで道を踏み外す研究者も出現する。そんな事態が繰り返し起きないように，自然科学分野の研究者だけでなく，社会や経済，法律，倫理や宗教，哲学など社会科学や人文科学の研究者らと一緒になって知恵を出していく必要があるだろう。

7　SDGs にかなうかどうかをどう判断するのか

購入・利用を誘う様々な製品やサービスが登場している。「これは環境保全に配慮した製品です」と説明されても，それが正しい情報なのかどうかを判断するのは難しい。サプライチェーンが国際化し調達経路などが複雑になると，詳細に情報が公開されていないと見分けが付かない。解決するよい方法が常にあるわけではないが，**ライフ・サイクル・アセスメント（LCA）** という考え方は有望だと考えられている。

ある製品を開発するために使う原料の調達から製造や組み立ての工程，輸送する段階，使われている間に消費するエネルギーや水，使った後に出る廃棄物処理などすべての過程でどれほどの負荷がかかるのかを定量的に把握しようとするのがLCA だ。その先駆的な研究は1970年代の欧州で始まり，手法はどんどん発展してきた。日本では1995年に官民で普及を目指す「LCA 日本フォーラム」が設立された。

LCA を使うと，レジ袋とマイバッグはどちらが環境対策上よいのかを判断しやすくなる。ポリチレン製のレジ袋とポリエステル製のマイバッグを対象に，温暖化の原因とされる二酸化炭素（CO_2）の排出量を試算した例では，マイバッグであっても繰り返しの利用回数が25回だと，レジ袋よ

図表 6-5　豊かで持続可能な社会に向けて日本が進む道

出所：三菱総合研究所「未来社会構造2050」。

りCO$_2$の排出量は多くなった。排出量がレジ袋よりはっきりと少なくなるのは100回繰り返して利用するマイバッグだった。

　自動車はCO$_2$排出で関心が寄せられる代表的な消費財だ。ガソリン車よりはハイブリッド車，さらには電気自動車（EV）が優れているのではないかと議論が続く。LCAを使ったCO$_2$排出量のこれまでの試算では，電源をどんな燃料に依存しているのかによって数値は変動することが分かった。電源が火力発電であれば充電のたびにCO$_2$排出にかかわっていることになり，必ずしも環境対策にはならない。トヨタ自動車は効率のよいハイブリッド車なら2030年時点で十分に電気自動車に対して競争力があると展望している。

　LCAの試算には様々な前提条件があり，国により扱うデータも異なってくる。公正に比較できているかどうかを注意深くみる必要はある。

　政策の判断は簡単に白黒をつけられない。科学的に判定するだけのデータはそろっているのか。データがない場合，どのような組織や機関がどのように対処しようとしているのか。よき市民として振る舞うためには，吟味する力を備えておかなければいけない。

おわりに（展望）

　日本の経済は長く低迷が続き，科学技術の存在感も低下している。暗い材料ばかりのように感じるが，優れた点もたくさん残っている。スポーツや芸術で世界的に活躍する若者は数多く，将来性のあるスタートアップ企業も増えてきた。三菱総合研究所は「未来社会構想2050」という提言の中で，安定した社会や品質にこだわりを持つ国民性などの長所や強みを生かして「日本は世界に貢献していける」と強調した。[4] 夢を抱いて前向きに挑戦していく心構えを失ってはいけない。

注
(1)　国連大学 SDG 大学連携プラットフォーム（2021）「持続可能な社会に向けた大学の行動変容のための提言」。
(2)　科学技術振興機構（2021）「SDGs 達成に向けた科学技術イノベーションの実践」。
(3)　文部科学省科学技術・学術政策研究所（2020）「SDGs の達成に資すると考えられる将来の科学技術の試行的探索」。
(4)　三菱総合研究所（2019）「未来社会構想2050」。

<table>
<tr><td>第 7 章</td><td>SDGs 先端企業や自治体が変える社会</td></tr>
</table>

第 7 章	SDGs 先端企業や自治体が変える社会

滝沢英人
三好博司

──────── 要　旨 ────────

1. SDGs に掲げられている17のテーマを目標や理念だけに終わらせず実現させるには，自らが行動を起こすことが大切だ。その際，課題解決の主体となるのは企業や自治体である。

2. 2050年には海を漂うプラスチックごみが，海中の魚の重量を上回るとの予測がある。この課題解決に取り組むスタートアップ企業を通じ，環境問題を事業化するときの視点やプロセスの一端を思考する。

3. 食品ロスという無駄を飼料にリサイクルして循環させる事業を確立し，黒字化している企業がある。背後にある社会の仕組みを読み解きながら，食品ロスを生まないために一人ひとりが実践できるヒントをつかむ。

4. スマートシティ実現への先行事例として，デジタル化に向けた福島県会津若松市の試行錯誤をみる。人口減が進む中で住み続けることができる地域であり続けるためには市民，地域，企業の連携が欠かせない。

5. 世の中には当たり前のように信じられているが，実は真実ではないことがある。今ある課題は現在の常識や価値観の反映でもある。誤解を解くことから始め，発想を広げ，選択肢を増やせば，社会を変える力になる。

▶key words：ごみ，スタートアップ，プラスチック，食品ロス，スマートシティ

はじめに

　企業の存在価値とは何だろうか。2020年から世界で猛威をふるった新型コロナウイルス感染症のパンデミックが収束したかに見えた2023年。企業においては，社会における自社の存在意義を再定義し，経営の実践に生かす，「パーパス経営」[(1)]が注目された。コロナ禍を経て，以前にははっきりと見えなかったことが見え始めたからかもしれない。

　「わたしは自分がどこから来たのか，また，どこへ行くのか」[(2)]。この問いは人間だけがするものであり，誰でも一生に一度は自問してみる価値のあ

るものだろう。哲学や宗教，科学や歴史，文学や芸術など，大学で営まれている様々な講義や研究活動は，究極的にはこの問いに対する回答を探しているのだとも言える。

　それぞれがこの問いにいかに答えるかによって，その人の生き方が決まってくるように，企業も社会のために存在するのであれば，社会課題を解決するために自社の存在意義をどう定義するかで，すう勢が決まる時代になっている。SDGs（持続可能な開発目標）に掲げられているテーマは，コインの表裏や人間の皮膚のように，現代の企業経営にとって切り離すことができない密接な関係にある。

　大事なことは実践することだ。学ぶことや考えることはもちろん大切ではある。しかし，いつまでも最初の一歩を踏み出すことができなければ，仮に素晴らしいアイデアであったとしても，意味を失ってしまうだろう。福沢諭吉と同時代を生きたスイスのカール・ヒルティは『幸福論』の中で「まず何よりも肝心なのは，思いきってやり始めることである[3]」と述べ，とにかく取りかかることを勧めている。この章ではSDGsが目指すような，世代を超えてすべての人がより良く生きられるような社会の実現に取り組む企業や自治体の姿を紹介しながら，実践することの価値の大きさに触れてみたい。

1　テクノロジーで社会課題を解決するスタートアップ

1.1　小さな行動から大きく世界を変えよう

　「ごみ拾い」という誰にでもできる小さな行動から大きく世界を変えようとしている会社がある。ピリカ（東京・渋谷）というアイヌ語で「美しい」の意味を社名にもつ株式会社だ。京都大学大学院生でエネルギー経済の研究をしていた小嶌不二夫さんが，大学院を中退して起業した**スタートアップ**で，設立は2011年。会社の目標は「科学技術の力であらゆる環境問題を克服することを目指す」と明快だ。

　社長の小嶌さんは7歳のとき，小学校の図書室で，『わたしたちの水が

写真 7-1　創業当時のピリカ

出所：ピリカ提供。右端が小嶌さん（2011年撮影）。

あぶない！』（奈須紀幸・伊藤和明編集，ポプラ社）『ゴミが地球をうめつくす』（藤田千枝編集，ポプラ社），といった環境問題の本と出会う。そのとき「僕がこの問題を解決できたらかっこいいなあ。ヒーローになれるかもしれない」と思った。大学院生だった2009〜10年にかけて小嶌さんは世界放浪の旅に出る。そこで目の当たりにしたのが，ごみ流出問題の深刻さだった。帰国後，研究室の片隅で事業構想を温めながら，翌年に会社を立ち上げた。

1.2　自然界に流出するプラスチックの削減に挑むピリカ

　ピリカは何を事業化しているのか，具体的に見てみよう。第1は計測だ。まずプラスチックごみの全体像を把握しよう。経済協力開発機構（OECD）が2022年に発表した「Global Plastics Outlook Economic Drivers, Environmental Impacts and Policy Options」によると，2019年時点での世界のプラスチックごみの発生量は3億5300万トン。これは2000年の1億5600万トンの2倍以上に達している。このうちの2割強が，管理されていない処分場や野外での焼却を通じて，自然界へ流出しているとみられている。

　プラスチックごみの流出は生態系への影響が避けられないばかりか，化

95

学物質が人体に悪影響を及ぼす可能性や漁獲量の減少につながるなど，広範囲にわたる実害が指摘されている。現状の流出ペースが続けば，2050年には海を漂うプラスチックごみが，海の魚の重量を上回ってしまうともいわれている。⁽⁴⁾一度，海洋にごみが流出すれば回収することは事実上，困難だ。これは気候変動と同じように，取り返しがつかなくなる前に対策が必要な深刻な問題である。

そこでピリカでは「2040年までに自然界に流出するごみの量と回収されるごみの量を逆転させる」というミッションを掲げた。自然界に流出するごみの量はあくまで仮説でしかないとの立場に立ち，まずは流出・回収されるごみの量や種類を定量的に把握しようと考えたのだ。そのツールのひとつが，ごみ拾いSNS「ピリカ」と名付けたスマホアプリ。これは①ごみを拾う②ごみを撮影する③仲間と共有する④感謝される⑤活動の輪が広がる——と，いつでもどこでもゲーム感覚で清掃活動に参加できる。今や世界最大のごみ拾いSNSになっており，2024年1月現在127カ国・地域で利用され，累計3億4千万個のごみを回収し，データが蓄積されている。参加人数はのべ270万人を超えた。環境省から環境スタートアップ大賞，日本経済新聞社のソーシャルビジネスコンテスト大賞も受賞している。

1.3 課題解決を事業で立証するには

「ピリカ」という，ごみ拾いを促すプラットフォームによって，どこにどんな種類のごみがあって回収されたかが「見える化」される。そこで初めてごみの回収量が着実に上がっていることがわかり，実感できる。自然界に散乱するごみを回収する行為は良いことであると，誰もが信じて疑わないだろう。では果たしてこれが，SDGsの目標14に掲げられている「海の豊かさを守ろう」につながるような社会課題の解決に直結するのだろうか。

ここでピリカは立ち止まって考えた。我々は今，自然界に流出するごみ問題と向き合っている。回収する活動を促進し，その回収量を計測する事業はスタートできた。ではどうすれば課題解決につながっていることを立

証することができるだろうか。つまり対策として「ごみの流出量を削減し，回収量を増加させる」ことができれば，会社が掲げるビジョンの達成が可能で，目標14「海の豊かさを守ろう」につながるのかと考えたのだ。

　ここから次の事業が芽生える。路上の散乱ごみを調べて把握するサービス「タカノメ」の開発だ。人工知能（AI）の機械学習機能も使いながら，ごみの分布や深刻さを調査・分析するシステムだ。現在，タカノメのサービスは，対象となる地域を徒歩で撮影する「徒歩版」と，車のダッシュボードにスマホを取り付けて撮影する「自動車版」が展開されている。企業や自治体を中心に導入が増えているサービスだ。例えば，自治体ではタカノメを使うことで，人繰りや時間の最適な配置ができるため，効率的な清掃活動につながる。参加者らにはごみを減らす意欲を高めてもらうという，ごみを出さないための施策につなげることも可能となる。タカノメのビジネスモデルは，企業や自治体に調査費用を負担してもらうことで成り立っている。

　ピリカではタカノメ自動車版を使い，2024年1月現在で地球20周分に相当する80万キロメートルを調査した。世界中のごみ分布状況を高頻度で計測できる「流出・散乱ごみのアメダス」になることを目標に，ごみの流出対策を世界規模で効率化・最大化するのが狙いという。

1.4　「問い」を立てる難しさを乗り越えて

　ここまで見てきたようにピリカは，ごみの自然界流出問題という最前線のテーマに，テクノロジーとビジネスで立ち向かうスタートアップである。このほかにもマイクロプラスチックとしての人工芝，肥料をコーティングするカプセルの流出問題などにも取り組んでいる。興味があれば同社のホームページなどでも確認してみることを勧める。

　ここで，みなさんに考えてほしいことがある。環境問題をビジネス化する際に直面する，基本的な問いの難しさについてだ。人間の活動領域では必ずごみが発生する。陸上や海洋をはじめ，宇宙空間にまでごみは散乱しているのは周知の通りだ。では，自然界に流出したごみは誰の責任なのか。

それが本当に大問題なのか。消費者は正しい判断ができているのか。そこから「ごみ問題の解決は果たして今，絶対に最優先で取り組まねばならない社会課題なのだろうか」との疑問も湧いてくる。これこそが「問題」なのだ。ビジネスは困っている人や欲している人が誰であるかが明確であれば，やりやすいかもしれない。環境問題をビジネスというアプローチで解決するための壁は，誰のためであるのか，その対象となるものが地球や人類という巨大で漠然としすぎていることにあるのかもしれない。しかし，ごみを出すのも，出さないようにするのも人間であり，回収する仕組みをつくるのも今のところは人間であり，AIやロボットではない。さて，みなさんはどんな問いを立てて，環境問題を解決に導いて，持続可能な社会づくりに参画したいと考えるだろうか。

2　食品ロスを豚のエサに変える工場

2.1　「食品リサイクル・ループ」を構築

　人間は食品がなくては生きられない。しかし，その食品が食べ残しや売れ残りなどのために毎日捨てられているのも事実である。「**食品ロス**」とは「**本来食べられるのに捨てられてしまう食品**」（農水省のホームページ）である。食品ロスと言っても，家庭から出るもの（家庭系），食品工場やスーパー，コンビニなどの事業者から出るもの（事業系）など，いくつかの種類がある。食品ロスを引き取ってリサイクルする工場がある。このうち，事業系食品ロスを豚のエサ（飼料）にリサイクルする企業（工場）の取り組みを紹介する。SDGsの17の目標のなかでは，主に12（つくる責任つかう責任）に該当する。

　この企業は日本フードエコロジーセンター（神奈川県相模原市）。相模原市の工業団地の中に工場がある。社長の高橋巧一さんは「獣医師」の肩書を持つ経営者だ。学生のころから環境問題や自然保護に関心があった。日本大学生物資源科学部獣医学科を卒業後，経営コンサルティングの会社に就職した。その後，ベンチャー企業の経営に参画する。こうした経験を経

写真7-2　食品ロスをリサイクルする日本フードエコロジーセンターの工場

出所：筆者撮影。神奈川県相模原市（2023年）。

て，学生時代から行っていた環境関連のボランティア活動などで得た人脈を生かしながら，勉強会等も重ね，食品リサイクルの事業分野にたどり着いた。2005年に小田急電鉄の系列の会社として事業をスタート。高橋さんはこのときは，この系列会社の「顧問」として参画した。その後，2013年に小田急グループから分離独立し，現在の「日本フードエコロジーセンター」（J.FEC）が発足し，高橋さんは社長に就任した。

　まずは，簡単に事業概要を紹介しよう。食品工場で食品を作る際，すべてが商品として出荷できるわけではなく，端材など売り物にならない部分が発生する。また，スーパーやコンビニでは，店頭に並べた食品や飲料のうち，売れ残ってしまい消費期限が切れると店頭から撤去される。こうしたものが食品ロスで，その多くは焼却処理される。J.FEC はこうした食品ロスを引き取る。その量は1日約40トン。工場は年中無休で稼働している。輸送中に品質が劣化しないように，運搬には専用の保冷車を使っている。

　J.FEC の工場に運び込まれると，バーコードを使ったシステムで食品ロスの種類や重量を計測する。原則として包装等のない状態で搬入するが，ときには袋に入ったままのパンやおにぎりなどが届くこともある。こうしたものは，障がいを持つ人の力を借りながら開封，仕分けする。食品ロスは専用の設備に投入される。不要なものを取り除くため，金属探知機やマ

グネットを使って選別する。水分調整を行い，液状化した状態の原料に熱を加えて殺菌する。乳酸発酵処理などを経て，契約養豚場に出荷する。

エサ（飼料）というと固体や粉末のイメージがあるが，J.FECがつくるエサは液体（リキッド）タイプ。粉末に比べて液体は日持ちしないというデメリットはある。ただ，食品はそもそも水分の含有量が多く，粉末にするには乾燥させる必要があるが，それにはそれ相応のコストがかかる。液体タイプなら，その分のコストを下げることができるというメリットも大きいのだ。J.FECは液体タイプのエサをつくる数少ない工場だ。このエサを食べて育った豚がスーパーなどでブランド肉として売られ，そこで発生したロスが再びJ.FECに運び込まれるという「食品リサイクル・ループ」を構築している。

ところで，こうした取り組みはビジネスとして成立しているのだろうか。J.FECの収入（売上高）は，食品事業者（食品工場やスーパー，コンビニなど）から受け取る廃棄物処理収入と，契約養豚場への飼料販売収入。こうした収入は年間3億円台。一方，経費は工場の家賃，減価償却費，人件費，水道光熱費など。高橋さんが社長に就任した2013年以降，黒字を維持しており，ビジネスとして成立していると言えるだろう。

2.2 食品ロスは「自分事」という意識が大事

この事業の社会的な意義について考えてみよう。まず，ごみ処理の問題だ。市町村におけるごみ処理経費は年間2兆910億円（2018年度）にのぼる。これは税金である。このうち，4割程度が食べ物関連ではないかとも言われている。リサイクル（再利用）の比率を高めて焼却物を減らすことができれば，市町村の処分費の負担を減らすことができるかもしれない。ただ，焼却工場はすでに存在し，ごみを工場に運ぶ事業者もいて，処分量が減るということは，この人たちの死活問題であり，事はそう単純ではない。

次に，食料問題そのものだ。日本の食料自給率は38％（2022年度，カロリーベース）。自給率をもっと引き上げるべきだという議論がある一方で，

523万トン（2021年度）もの食品ロスが発生している。長期トレンドでみると，食品ロスは減る傾向にあるが，それでも，523万トンという量は，国民１人当たり，毎日茶わん１杯のご飯の量に相当する。世界には栄養不足の人がたくさんいる。「食べ物を大切に」というのは当然だ。

　さらに，飼料問題の存在がある。畜産経営のコストの中で，牛は45％，豚は63％，鶏は70％が飼料代と言われている。しかも，飼料自給率は26％（2022年度）で，食料自給率（38％）よりもはるかに低い。つまり，エサの４分の３相当は輸入に頼っている。しかも配合飼料の価格は2020年ごろから一段と上昇傾向にあり，畜産農家の経営を直撃している。J.FEC の取り組みは，飼料の安定供給の点からも意義があると言えるだろう。SDGs への貢献が評価され，J.FEC は2018年，第２回「ジャパン SDGs アワード」で内閣総理大臣賞を受賞した。

　食品ロスをゼロにするのは非現実的である。しかし，一人ひとりが「自分事」として考えることで１歩でも２歩でも前進できそうだ。そうした観点から，最後に，「食品ロスをなくすために大切なこと」として，高橋社長からのメッセージを紹介したい。

　第１は「食べ物を見た目で判断しないこと」。食べ物を買うときに色のきれいなもの，虫食いのないものなど，見た目で判断していないだろうか。大切なことは「安全か，健康的か，本当においしいか」であり，自分自身で勉強して判断するようにしていくことが大事である。

　第２は「生産や流通の仕組みや買い方を知ること」。生産地はどこで，どのように作られたか，何が添加されているか，賞味期限や消費期限の違いを知っているか，といった点だ。

　第３は「食べ物の大切さ，環境や文化とのつながりを意識すること」。生産現場や生産方法と地球環境との関連性，文化や伝統と食べ物とのつながりはあまり意識されていないのではないだろうか。

　第４は「自分自身の問題として考えること」。食品ロスは税金で処理されている。私たちが買い物をするときの意識がスーパーなどでの売り方に反映される。一人ひとりの行動が食品ロス問題につながっていることを意

識することが大事だ。

3　住み続けられるまちづくりとは

3.1　デジタル技術で活性化に挑む福島県会津若松市

　多くの地方に共通の問題は「少子化，過疎化」である。その結果として人口減少も進んでいる。全国レベルでも2008年をピークに人口減少が始まっており，政府は2014年に「まち・ひと・しごと創生本部」を発足させ，いわゆる「地方創生」に取り組んできた。しかし，成果は十分とは言えない。コロナ禍を経て，出生数はさらに減り，「東京一極集中」も続いている。岸田文雄内閣が打ち出した「デジタル田園都市国家構想」（デジ田）は，これまでの地方創生の流れを踏まえつつ，デジタル技術を使って地域活性化を進める政策である。国は交付金を支給して，自治体の取り組みを支援している。地域活性化といっても，所在地や規模によって，やり方は様々で，普遍的な「解」があるわけではないが，全国1700強ある自治体の中から，先進的な一例として，福島県会津若松市の取り組みを紹介する。SDGsの17の目標では，11の「住み続けられるまちづくりを」にあたる。

　会津若松市は福島県の西部に位置し，磐梯山や猪苗代湖など豊かな自然に囲まれ，城下町の風情を残す。しかし，他の地方都市と同様，人口減少をはじめとした地域課題はたくさんある。2022年に作成された，この地方都市を紹介する，ある動画はこんなくだりから始まる。「会津若松市は全国より早く人口減少が進んでいる。1995年をピークに，人口は毎年1000人ずつ減っている。このまま人口減少が続くと，2060年には，およそ半分の人口になるとの試算もある」。同市の人口は約11万3000人。これが半分になってしまうというのだ。

　もともと人口減少が進んでいたところに襲ったのが2011年の東日本大震災。内陸部に位置する会津若松市も風評被害を含め，大きな打撃を受けた。市は地域活力の再生を目指し，2013年，全国の地方都市に先駆けて，「スマートシティ」を施政方針に掲げた。スマートシティとは，生活を取り巻

写真 7-3　スマートシティを推進する企業が入居する AiCT

出所：会津若松市提供。

く様々な分野でデジタル技術などの先端テクノロジーを活用しながらまちづくりを進めていく施策である。

　市はまず，いろいろなデータのやり取りを支えるデジタル基盤を整備することが大事だと考えた。この基盤整備はコンサルティング会社のアクセンチュアが担い，2015年に稼働した。都市 OS「会津若松＋（プラス）」と呼ばれるものだ。アクセンチュアは東日本大震災の直後から，会津若松の再生に関わってきた企業である。この基盤を使い，住民が自分の属性や欲しい情報などをスマートフォン等で入力すると，市役所や民間企業が配信する地域情報からニーズに合った情報を簡単に選別し取得するなどのサービスを提供する。

　情報を配信する事業者は首都圏の大企業や地元の企業など様々で，これらの企業が入居するオフィスビル「スマートシティ AiCT（アイクト）」も2019年に開設された。さらに，2021年6月には，AiCT 入居企業や首都圏の大企業，地元企業などで構成するスマートシティの推進主体「一般社団法人 AiCT コンソーシアム」が発足。この地域には，1993年に開学したコンピューター理工学専門大学の会津大学があり，デジタル時代のまちづくりには欠かせない存在になっている。2022年4月には，AiCT コンソーシアムと市，会津大学の3者で「スマートシティ会津若松」の推進に関す

る基本協定を結び，スマートシティを推進する体制がおおむね整った。

　このようなタイミングで，政府の「デジタル田園都市国家構想」（デジ田）が始まったのだ。デジ田はスマートシティも含むより広い概念。政府は2021年度補正予算から交付金を計上し，デジタル技術を使った自治体のまちづくりを支援している。会津若松市もこの交付金を申請し，2021年度補正で，5億4200万円の交付金が国から支給された。市はこのお金を使って，2022年度末までに，「食・農業」「観光」「決済」「ヘルスケア」「防災」「行政」の6分野でデータ連携基盤と連携するデジタルサービスを実装し，国の標準仕様にあわせてデータ連携基盤を改修した。

　では，どんなことができるようになったのか。例えば，農産物の生産者と地域の飲食店をデジタルサービスでつなぐ「食農需給マッチング」。規格外で通常のルートでは出荷できない農産物でも構わないという飲食店に対して，スマホ等で情報をやり取りして，出荷可能な農家と直接マッチングするなど，地産地消につなげる。また，災害が発生したときに，今いる場所から避難所までのルートを表示したり，危険エリアを表示したりする「デジタル防災」や，飲食店の混雑状況など地域観光資源を見える化した「デジタル観光案内」なども導入された。会津若松市の取り組みは2022年度補正予算でも採択され，再び交付金が支給される。このお金で，マイナンバーカードを使って各種サービスの本人確認などをスムーズに行い利便性を高める仕組みなどの導入を進める。

3.2 「三方良し」をどう実現するか

　これからの時代のまちづくりに「デジタル」の視点は必要である。ただ，そこには当然，いくつかの課題がある。まずは住民の理解や参画をどう進めるか。デジタル基盤を使ったサービスは便利であるが，住民の個人情報を扱う場面も多い。サービスを実施するにあたり，市は利用者が自身の個人データの利用に事前に同意する「オプトイン」方式を採用した。

　また，サービスを提供する事業者がいかに収益を確保していくかも大事。そうでないと，持続的なサービスが提供できない。市はまちづくりの全体

の方針を示し，必要に応じて予算をつけるが，実際に多くのサービスを担うのは民間企業である。国の交付金があるうちは，それを使って事業を実施できるが，交付金がなくなったあとも事業を継続させ，持続可能にしていくには，利便性をさらに高め，サービスを充実させ，利用者を増やし，事業者も持続可能な収益を得られるモデルが必要になってくる。会津若松市に限らず，事業者が適正な収益をあげ，経済を回していく仕組み作りが欠かせない。

　会津若松市の本島靖スマートシティ推進室長は「会津若松市の取り組みは，自動車が空を飛ぶわけでもなく，ロボットが街中を歩いているわけでもない。ただ，いろいろな分野，いろいろなサービスをデジタルの力，データを使いながら，ちょっとずつ便利にしていくもの。市民，地域，企業の『三方良し』を目指している」と語っている。全国のほとんどの地域で人口減少が始まった。人口問題の早期解決は難しく，もはや人口減少は「所与の条件」として，まちづくりに取り組まなければならない。その際，デジタル技術の活用は一つの有効な手段である。

おわりに（展望）

　世の中には当たり前のように信じられているが，実は真実ではないことが少なくない。例えば，企業の目的は利益を追求することにあるとか，社会を変えるには斬新なビジネスモデルや最新のテクノロジーが必要だ，などだ。こうした思い込みは課題解決能力にも影響する。「課題解決能力というと，世の中を驚かせるような技術革新を生み出した人物，社会の在り方をドラスチックに変えることができる人物，常識を打ち破るビジネスモデルを展開する人物などの輩出が想定されているように思える」[5]。もちろん「偉人」の功績が世の中の発展をけん引したのは事実であり，長い低迷が続く今の日本にこそ，誰もが異能人材の輩出を願っているだろう。

　だが，今ある課題は過去から現在の常識や価値観が反映されていることも忘れてはならない。SDGs に掲げられている人類が解決すべき課題は，21世紀時点で明らかになっているだけにすぎないのだ。おそらく22世紀も

生きるはずの大学生には，新たな課題が見えてくることだろう。だから，世界が誤解で成り立っていることや矛盾に満ちていることも頭の片隅に入れておくことは無駄ではない。その上で，まずは誤解を解くことから始めよう。そして真理というゴールに近づこう。「あなたがたは真理を知り，真理はあなたがたを自由にします[(6)]」を体験しよう。自らの発想を広げ，想像の翼をはためかせて，選択肢を増やそう。そうすることが社会を変え，より良い未来を築く力になる。

注

(1) 名和高司（2021）『パーパス経営―30年先の視点から現在を捉える』東洋経済新報社，pp. 174-180。
(2) 新日本聖書刊行会（2017）『聖書新改訳2017』いのちのことば社，p.〈旧〉23 p.〈新〉196。
(3) カール・ヒルティ（1991）『幸福論』第1部，岩波書店，p. 24。
(4) World Economic Forum（2016）『The New Plastics Economy Rethinking the future of plastics』p. 14。
(5) 高安健一（2023）『半径3キロのPBL―埼玉県草加市で挑んだSDGs地域連携の記録』幻冬舎メディアコンサルティング，pp. 268-296。
(6) 新日本聖書刊行会（2017）『聖書新改訳2017』いのちのことば社，p.〈新〉197。

第 8 章	SDGs とサステナブル消費

大岩佐和子

――――――――― 要 旨 ―――――――――

1. 本章の目的はサステナブル消費を理解し，地球環境問題を身近な「自分ごと」として捉え，考えることである。
2. 地球環境に配慮したライフスタイルを心がける消費者は増えている。企業も，利益追求だけでなく，社会課題の解決につながる製品やサービスの提供がビジネスチャンスにつながると考えるようになってきた。
3. 一方で「地球に優しい」など消費者の誤解を招く表現を用いて環境に良いと思わせる言葉が増え，問題視されている。
4. ポスト2030年を展望するためのポイントは，消費行動の変容。消費者の行動は投票と同じように社会を変える力があるとの認識が広がり，消費は投票の要素が濃くなる。

▶key words：サーキュラーエコノミー，3分の1ルール，Bコープ，プラントベースフード，グリーンウォッシュ

はじめに

　持続可能な社会の実現のために，これまでの消費のあり方を見直し，地球環境になるべく負荷をかけないようにする「サステナブル消費」が注目されている。この章では，私たち消費者の意識の変化，企業の取り組み，サステナブル消費を社会に広げる上での課題をまとめた。

1　広がるサステナブル消費

1.1　変わる売り場

　買い物の際に何を基準に商品を選ぶだろうか。価格，ブランド，品質，機能，パッケージのデザイン。中には環境や社会に配慮しているのかを気

にかける人もいるかもしれない。この数年で，スーパーの売り場の風景が
ずいぶん変わった。ネスレ日本のチョコレート「キットカット」の袋はプ
ラスチックから紙のパッケージになり，牛乳の売り場の隣には，アーモン
ドミルクやオーツミルクが増えた。日清製粉ウェルナの「マ・マー・早ゆ
でスパゲティ」のパッケージは二酸化炭素（CO_2）削減を訴求するデザイ
ンに変わった。日常の買い物を通じて，日々，変化を実感する。

1.2 転換期を迎える消費社会

　地球環境に負荷をかけないために長持ちする商品を購入したり，リサイ
クルやリユースできる商品，あるいはリサイクル素材で作られた商品を選
んで購入したりする行動のことを，サステナブル消費という。私たちは，
長らく大量生産・大量消費の経済システムのなかで，便利な生活を享受し
てきた。売り手は業績を上げようと，あの手この手で消費を促し，消費者
はつい必要以上に買ってしまう。豊かな消費社会によって，経済的発展を
遂げた。一方で，自然環境への負荷は次第に大きくなり，SDGs（持続可
能な開発目標）のもと，目標12番目「つくる責任，つかう責任」などの目
標達成に向けて取り組みが進んでいる。生きていく上で必要な消費だけで
なく，文化的な欲求を満たすためにモノやサービスを大量に消費してきた
消費社会は，転換点にさしかかっている。

　環境省によると，地球温暖化の原因となる二酸化炭素（CO_2）排出量の
約6割が，衣食住を中心とする「ライフスタイル」に起因する[(1)]。では，消
費を楽しむことは，環境や社会にとってよくないことなのか。地球環境問
題に対応するために，必要最低限のモノだけで暮らすミニマリストになら
ないとダメなのか。個人消費はGDP（国内総生産）の半分以上を占め，経
済成長にも大きくかかわってくる。2023年夏の地球沸騰化は，消費者とし
ての私たちに，どうすべきかを問いかけているようだった。

　サステナブル消費を加速させる主体は政府や企業，そして消費者の3者
だ。政府は政策で後押しし，企業はつくる責任を果たし，消費者は環境や
社会に配慮した製品やサービスを選択する。おのおのが，各領域できちん

と責任と役割を果たして，初めてサステナブル消費がなめらかに暮らしの中に浸透していく。

1.3　消費者意識の変化

博報堂（東京・港）の「生活者のサステナブル購買行動調査2023」[2]によると，SDGsについて，「内容を知っている」は5割，「聞いたことがある」は8割を超えた。買い物の際に環境・社会に与える影響をどれだけ意識しているのかを10点満点で聞いたところ，（「1」はまったく意識していない〜「10」はいつも意識している），平均点は4.98点。2021年（4.88点），2022年（4.92点）と年々高くなっている。10代〜20代で「新品を買わずに借りたりシェアしたりする」「新品を買わずに中古品を買う」行動が広がっている。

2　社会課題の解決に向けた企業の取り組み

2.1　古着・修理

一言でサステナブル消費といっても，紙ストローやオーガニックコットンの使用など企業の取り組みは様々だ。具体例を紹介しよう。2023年6月，米アウトドアブランドのパタゴニア京都店が一時，古着と修理サービスを扱う店に変わった。壁には「新品よりもずっといい」「必要以上に買わないで」といった表示があり，修理カウンターには「修理は急進的な行為」と書かれていた。3Rを環境負荷が少ない順にみると，リデュース（削減），リユース（再利用），リサイクル（再生）の順となる。モノを長く使うほど，原材料やエネルギーの使用量が減り，捨てる量も減る。とりわけファッションでは，トレンドを追いかけてもすぐに時代遅れとなり，次々と新しいものへと目が移る。情報化社会になってから，トレンドの周期が一段と短くなり，消費者の買い替えサイクルも速くなった。修理は，「トレンドには乗らない」という意思を示す行為でもある。もっとも，ビジネスを営む以上，企業はもうけなければならない。「必要以上に買わないで」と発信

写真 8-1　パタゴニア京都のポップアップストア

出所：筆者撮影（2023年6月）。

するのは勇気の要るマーケティング手法だが，その姿勢に共感して新たな顧客が増えている。

　修理については，ユニクロも2022年から一部の店舗で始めている。環境省によると，今ある服を捨てずにもう１年長く着れば，日本全体で約３万トンの廃棄削減につながるそうだ。⁽³⁾

　ファッション産業は，製造にかかるエネルギー使用量やライフサイクルの短さなどから環境負荷が非常に大きい産業と指摘されている。消費者は，１年間に１回も着ていない服を，一人あたり，およそ35枚所有しているといわれる。⁽⁴⁾2013年にはバングラデシュで，縫製工場が入居していたビルが崩落して多くの人が亡くなるという事故があった。その後，華やかなファッション業界の裏側を描いた映画「ザ・トゥルー・コスト」が国内外で放映され，反響を呼んだ。グローバリゼーションによる賃金格差，搾取の構造が明らかになり「自分はこんなところで作っている服を着ていたのか」

と多くの人が気付き，服を買うことの意味を考えるようになった。アメリカ合衆国元副大統領のアル・ゴア氏が全世界で続けてきた講演をもとにした地球温暖化に警鐘を鳴らすドキュメンタリー映画「不都合な真実」もそうだが，映画は，複雑で難解な環境や社会問題を理解し，自分ごととして考えるようになる上でとても有効な手段だ。

　古着を扱う店も増え，フリマアプリの「メルカリ」で着なくなった服を個人から買う人も増加している。ユニクロは2023年10月，回収した衣料に染め加工や洗浄などをして販売するポップアップストア（期間限定店）を初めて開いた。古着回収は，消費した商品を再利用しながら循環させていく**サーキュラーエコノミー**につながる。新品を扱うアパレルショップが並ぶ百貨店の売り場構成も古着へと変わるかもしれない。

2.2　食品ロスがビジネスに

　食品業界の課題として真っ先に上がるのは，食品ロス（フードロス），本来食べられるにもかかわらず捨てられる食品の問題だ。農林水産省によると，2021年度の食品ロス量は523万トン。このうち工場や企業（飲食店含む）からでる事業系の食品ロス量は279万トン，家庭系食品ロス量は244万トンでほぼ半々の割合となっている。前年度と比較して事業系食品ロスは４万トン増，一方で家庭系食品ロスは３万トン減となり，全体として１万トン増えた。[5] 消費者庁の食品ロスに関する調査によると，76.9%がロスの削減に取り組んでいると答えた。[6] 家庭系のロスが減ったのは，冷凍食品の人気の高まりや消費者が食品を無駄なく活用する方法を身につけてきたからだと思われる。

　食品ロスの取り組みで押さえておきたいのが「３分の１ルール」だ。製造から賞味期限までの期間を，「メーカー（卸含む）」「小売り」「消費者」がそれぞれ分け合うというものだ。賞味期限が仮に３カ月だとすると，メーカーや卸は，製造後１カ月以内に，小売店まで納入しなければならなかった。鮮度にこだわる消費者の鮮度嗜好にこたえるためだが，その裏では，まだ食べられるのに販売できない商品が返品されてきた。近年になり，よ

写真 8-2　コンビニエンスストアで展開されてきた「てまえどり」

出所：ローソン HP。

うやくルールの緩和が進んできた。

　コンビニエンスストアで展開されてきた「てまえどり」という活動をご存じだろうか。「てまえどり」とは，商品棚に陳列された食品を「手前」から取るという購入スタイルのこと。陳列棚の奥に手を伸ばし商品をとろうとして表示をみてハッとし，手前から取るという経験が少なからずあるだろう。店が先に仕入れた日付の古いものから購入していく。日々のちょっとした気遣いが積み重なり，食品ロスの削減につながる。

　コンビニでは，各社が，ようやく販売期限が迫った商品を値引きして販売するようになった。従来は，絶大な力を持つ本部がフランチャイズ加盟店に対して値引きを推奨してこなかったこともあり基本的に定価販売で消費期限切れの弁当や総菜を捨ててきたが，もはや消費者の理解を得るのが難しい。

　2023年6月には，「日本で最もフードロスを削減する会社」をビジョンに掲げるクラダシが東京証券取引所グロース市場へ IPO（新規株式公開）を果たした。同社は，まだ食べられるにもかかわらず捨てられてしまう可能性のある食品などを，お得な価格で販売し，売り上げの一部を環境保護や災害支援などに取り組む団体への寄付や基金として活用している。「B

図表8-1　コンビニでもようやく値引き販売が広がってきた

ファミマ、値引き販売促進

「エコ割」来月から 食品ロス3割減

ファミリーマートは値引き販売の新たな仕組みを導入する

ファミリーマートは7月、消費期限が迫った商品の値引き販売で新たな仕組みを導入する。煙雑店の従業員が対象の商品だった店舗での手続きを簡略化する。フランチャイズチェーン（FC）加盟店に値引き販売を促し、食品ロスを3割程度減らす。

7月から「エコ割」として全国約1万6千店に推奨する。おにぎりやサンドイッチなど消費期限が数時間内に迫った商品が対象になる。本部が値引き額とバーコードを記したシールを用意し、加盟店の従業員が対象の商品に貼る。

ファミマは加盟店が値引きして商品を販売することには規制を設けていなかった。ただ、通常のレジ作業に加えて手書きの伝票作成などが必要で、取り組む店舗は必ずしも多くなかった。今後はレジでバーコードを読み取れば値引きして販売できるようになる。

公正取引委員会は2020年9月、ファミマなどコンビニエンスストア8社に対し、値引き販売のためのシステムや手続きの制限などが独占禁止法違反になりうるとの見解を示した。公取委の調査では直近3年間で店舗の12％が本部から値引きを制限されたと答えた。公取委は値引き販売する加盟店が選べる制度を導入した。時短営業する店舗が増えたことも、影響している。ファミマは20年3月に、24時間営業か営業時間内に食品を売り切る必要性が高まる。24時間営業しない店舗

出所：『日本経済新聞』2021年6月15日（朝刊）16面。

Corporation（「B Corp」）」認証を取得した企業としても知られている。B
コープとは，米国の非営利団体のB Labが運営している，社会や環境に
配慮した公益性の高い企業に対する国際的な認証制度だ。株主利益と公共
利益の双方の追求ができるかどうか。それは，私たち消費者がこのような
サービスを支持するかどうかにかかっている。

　もう1つ，食のサステナブル消費を考える上で避けて通れないのが「肉
食」の問題だ。食の産業は，地球温暖化に最も悪影響を及ぼしている産業
のひとつで，中でも環境への負荷が大きいのが畜産業だ。ウシなどの反芻
動物では，エサを腸内で発酵させて消化する過程で，温度化係数の高いメ
タンガスが発生し，ゲップやオナラとして大気中に放出され，温室効果ガ
スの排出につながる。スーパーの売り場では，大豆ミートなど植物由来の
原料を使ったプラントベースフードが棚に並ぶようになった。メーカー各
社も，この分野には並々ならぬ力を入れている。日清食品ホールディング
スは東京大学と培養肉の共同研究を推進し，キユーピーは植物由来の
「HOBOTAMA（ほぼたま）」を売り出している。環境問題だけでなく，ア
レルギーや動物愛護など代替食品の意義は多岐にわたる。

2.3　サステナブルと利便性との両立

　どんな商品も，利便性や楽しさ，おいしさは欠かせない。環境や社会に
配慮しているからという理由で，そうした要素が損なわれていては消費者
から支持されない。おいしいからこそ，食べたくなる，少し高くても，ま
た買いたくなるという消費行動の継続につながる。利便性とサステナビリ
ティを両立している事例の1つが，花王の日用品だ。例えば，ビオレのボ
ディ乳液において，「らくらくスイッチ」を採用している。ボトル容器と
比較してプラスチック使用量の少ないフィルムでできた容器に，このスイ
ッチをつけて使うと，軽い力で押すだけで一定量の液が出せる。ポンプつ
きのボトル容器と比較して，プラスチック使用量を約50％削減している。[7]
かつ，風呂場の壁に吊り下げることで，掃除が楽になるという利便性も兼
ね備えている。私たち消費者は，「ボトルに詰め替える」という行為に慣

れてしまい，なかなか吊り下げるという発想まで思い至らない。消費者の想像を超えた新しい価値提案は企業のイノベーションのたまものだろう。

　ところで，昨今の物価の高騰はサステナブル消費にどのような影響を与えるのだろうか。通常よりも値段が高いという理由で，買うのをためらう人もいるだろう。一方で，支出を抑えるために新製品に飛びつかず今手持ちのモノを長く大切に使おうという意識がおのずと高まる側面もある。加えてお得に購入したいとの理由からリユースの活用も増えてきた。メルカリによると，コマースプラットフォーム「メルカリShops」内での2023年1月時点のリユース関連取引数は，物価上昇前（2022年3月時点）と比較すると約2.2倍に増加し，リユース事業者の累計出店数は約1.5倍に増えたという。[8]

3　海外の事情

3.1　フランスの規制

　フランスでは，2022年1月に「衣服廃棄禁止令」が施行された。売れ残った新品のアパレル製品の焼却や埋め立て廃棄をすることを企業に禁じる法律で，違反した場合は最大1万5000ユーロ（約240万円）の罰金が科せられる。同国では，ファストフード店で，使い捨て容器や皿，コップなどの使用が禁止された。企業にとっては盗難の恐れ，食器の洗浄や乾燥，保管の手間が増える。従業員の訓練や，新しい食器洗い機導入に伴う投資も必要となる。再利用可能な食器が主流になれば，紙製容器のメーカーはシェアを失うことになる。このように様々な課題があっても，不要な廃棄物との戦いにおける新たな一歩だとして政府は断行した。

3.2　海外から見た日本の消費

　日本で2020年7月にレジ袋の有料化が始まったとき，レジ袋はプラスチックごみの全体量の2％程度にしか過ぎないのに有料化の意味があるのかという意見が聞かれた。しかしエコバッグの普及を考えれば，消費者の行

動変容を促すという点において一定の成果があったといえる。ただし消費者の理解を得るために，効果検証をしっかり行うべきだろう。

　一般的に海外に比べて日本の消費者はサステナビリティへの意識が低いといわれている。しかし海外マーケッターや経営者からは「日本の消費者は品質に対する選別の目が厳しい。サステナブル消費が広がる素地がある」との見解を聞く。品質が良いものを選ぶということはサステナブル消費の土台となるからだ。

4　見せかけの環境表現

4.1　グリーンウオッシュとは

　サステナブル消費が広がる一方で，企業が発信する対策が「**グリーンウオッシュ**」として批判を浴びるケースが相次いでいいる。「グリーンウオッシュ」とは，見せかけの環境対策，あるいは自社の取り組みを実際よりも大袈裟にアピールしていることを指す。2023年3月20日付の『日本経済新聞』の記事「投資家の9割，環境対策『見せかけ含む』と指摘　民間調査」を読むと，信頼を得ることの難しさを痛感する。米会計事務所のPwCの調査によると投資家の9割が企業の環境対策にグリーンウオッシュが含まれていると考えている。「サステナブル」「エシカル」「地球に優しい」などとうたった商品が，何をもって，そう主張しているのかの根拠が不明な場合が多い。消費者も，買い物でモノやサービスを選ぶ際に信頼できるブランドなのかどうかモヤモヤした感覚を持っている。

　欧州では，欧州委員会が，企業が環境に配慮した商品を打ち出す際のルールを定めた「環境訴求指令」の案を公表した。企業が消費者に環境への配慮をアピールする場合，立証内容や第三者機関が発行した適合証明を消費者に開示することを義務づけるという。米国では，米連邦取引委員会が2022年12月に「グリーンウオッシュ」防止のためのガイドラインを改定することを表明した。日本でも，消費者庁が2022年12月，生分解性プラスチック製品を販売した企業に対し，十分な根拠がないのに自然に分解される

図表 8-2　偽の「エコ」に厳しい視線

環境対策「見せかけ合む」

投資家の9割が懐疑的
PwC調査

投資家の9割が企業の環境対策に見せかけの「グリーンウォッシュ」が含まれると考えていることがPwCの調査で分かった。持続可能性に関する取り組みなど企業の実績について、「根拠のない主張が一定以上存在する」との回答が87%に達した。ESG（環境・社会・企業統治）格付け機関からの情報を多く活用して

いる投資家は22%にとどまり、企業の環境対応への信頼度にはなお課題がある。

PwCが2022年9～10月に世界の43地域の投資家やアナリスト227人を対象に調査した。

気候変動問題への取り組みが企業の優先事項であるとの見方はなお強く、対象者の44%が優先事項の上位5位以内に入ると答えた。

気候変動を企業の脅威と強く考えていることも分かった。全体の50%が「今後1年に企業が気候変動のリスクに一定程度以上さらされる」と答えたが、日本に投資する投資家に絞ると同割合は62%まで高まった。

また、ESG投資の理由（重複回答）については82%が「顧客からの要求に応える」、64%が「投資収益の拡大が目的」と回答した。

PwCによると、日本市場に投資する投資家が、気候変動を企業の脅威と

出所：『日本経済新聞』2023年3月20日付（朝刊）17面。

かのように表示したのは景品表示法違反にあたるとして，再発防止の措置命令を出した。

4.2　商品を正しく見極めるために

　グリーンウオッシュの問題に対し，消費者はどう対応すればよいだろう
か。1つは，認証ラベルの確認だ。FSC® 認証（責任ある森林管理に貢献す
るラベル）や国際フェアトレード認証（持続可能な生産と公正な貿易によっ
て完成した製品に付けられる），有機 JAS 認証（農薬や化学肥料の不使用を基
本として栽培される農産物など）といった様々な種類がある。身の周りのも
のを改めて確認してみると，きっとマークが付いているものがあるはずだ。
公正・公平な立場にある第三者機関が安全性や品質などを審査し，すべて
の基準を満たしていると認められて初めて表示が可能になる。このほかに，
B Corp 認証取得企業なのかどうかも，モノやサービスを見極める上で選
択肢となるだろう。日本のアパレルや化粧品会社も B Corp 認証取得に動
いている。

　個々の商品やサービスについて，二酸化炭素の排出量を可視化する取り
組みも出てきた。博報堂ミライの事業室は，従来品と比べた二酸化炭素排
出量を〇％オフとして示す「デカボスコア」を企業に提供している。東京
都内でマルシェを開催した際に，ラベルありのペットボトル飲料を90円で，
ラベルなしのペットボトル飲料にデカボスコアを付けて100円で販売した
ところ，7割の人が10円高くてもラベルなしを購入したという。ラベルな
しの方が，プラスチック使用量を削減しているからだ。アダストリアが子
会社を通じて販売する EC 専業ブランド「オー・ゼロ・ユー（O0u）」では，
CO_2 排出量，水使用量が一般的な同様商品に比べてどれだけ削減できた
かを表示するとともに，環境負荷を3段階のスマイルマークで表現してい
る。

　取材では，日本の企業は，環境や社会にとって良い取り組みであっても
完璧でないと，積極的に情報発信しないという完璧主義の傾向があると感
じることがある。だが，モノを作っている限り，地球に負荷を与えないこ
とは不可能であり，パタゴニア創業者のイヴォン・シュイナード氏は「サ
ステナビリティなんてものは存在しない。私たちにできる一番のことは，
与える害を最小限にすること」だと指摘している。現時点ではここまで対

写真 8-3　アダストリアは新ブランド「オー・ゼロ・ユー」で CO_2 排出量と水の使用量をわかりやすく表示する

出所：2022年，筆者撮影。

応できている，課題は何であり，課題解決に向けて目下このように取り組んでいるといった具合に，包み隠さずに伝える姿勢が消費者の信頼を得る上で大切だ。

おわりに（展望）

　そう遠くない将来，Z世代が消費の主役になる。同世代は浪費を好まず，堅実な経済感覚を持っている。一方で真に必要だと思うもの，好きなものにはお金を惜しまない。その商品なり，サービスがどのような背景でつくられているかを知り，ブランドや企業の理念に共感する。好きなアイドルやキャラクターを推すように共感するブランドを親しい友人に推奨する。かねて「消費は投票」だと言われてきた。買い物でお金を払うということは，その商品なりサービスを支持する，つまり1票を入れるのと同じ意味

があるということだ。サステナブル消費の広がりによって，消費は投票の
要素がますます濃くなりそうだ。

注

(1) 環境省「『COOL CHOICE』なぜ私たちの行動が必要なの？」。

(2) 博報堂「生活者のサステナブル購買行動調査2023」レポート（2023年8月23日発表）。

(3) 環境省「サステナブルファッション」。

(4) 同上。

(5) 農林水産省「我が国の食品ロスの発生量の推定値（令和3年度）」。

(6) 消費者庁「令和4年度　第2回消費生活意識調査」。

(7) 花王発表資料「軽い力で押すだけでフィルム容器から一定量の液が出せる「らくらくスイッチ」を実用化〜包装容器のプラスチック使用量削減に貢献するイノベーション〜」（2020年8月19日発表）。

(8) メルカリ発表資料「物価上昇に「リユース品」購入で対策。おトクなだけでなく，サステナブルな消費にも注目」「メルカリ Shops」でリユース品の取引が活性化。背景には物価上昇も」（2023年2月28日発表）。

<table>
<tr><td>第9章</td><td>食料の持続可能な供給を考える</td></tr>
</table>

第9章	食料の持続可能な供給を考える

吉田忠則

——————— 要　旨 ———————

1. 1961年制定の旧農業基本法は農家の所得の向上と需要に合った作物の増産を目指した。だがコメを除く穀物を海外からの輸入に頼る選択をした結果，食料の不安定な供給構造を形成した。

2. ウクライナ危機で穀物と肥料の国際相場が上昇し，日本の食料自給率の低さがはらむ危うさが浮き彫りになった。事態を打開するため，農林水産省は食料・農業・農村基本法の改正を決断した。

3. 国民に食料を安定して供給しようと思えば，食品はある程度余剰がある状態が前提になり，その結果，食品ロスが発生する。それを活用するフードバンクは平時と緊急時のセーフティーネットになる。

4. 食料安保にとって重要なのは，非現実的な「自給」ではなく，国際相場の影響の「緩和」だ。それを実現するには，輸入に頼る穀物や肥料を国内である程度増産することが必要になる。

▶key words：食料自給率，農業基本法，ウクライナ危機，食品ロス，飼料用トウモロコシ

はじめに

　ウクライナ危機で穀物と肥料の国際相場が高騰したことをきっかけに，日本でも食料安全保障が注目を集めるようになった。日本はその大半を輸入に頼っており，価格の上昇が家計と農業経営を圧迫した。円安がその影響を増幅した。

　毎年大量に発生する食品ロスに象徴されるように，日本ではこれまで食料の「過剰」が社会的なテーマになっていた。ところが海外依存の食料事情に潜むリスクに気づいたことで，「不足」が新たな課題として認識されるようになった。局面の重大な変化と言える。

　本章では，「農業大国」の実像から説き起こし，過剰から不足へとテー

マが移行する日本の食料問題を明らかにする。社会的に関心の高い食品ロスもその文脈の中で取り上げる。そして気候変動と農業の関係にも触れたうえで，日本の農業が目指すべき方向を探りたいと思う。

1　農業大国の実相

　農業は自然と切り離すことのできない産業だ。都市近郊にも小さな農場はあるが，広大な田畑の多くは緑が豊かな地方にある。そこからの連想で，途上国ほど農業が得意というイメージがないだろうか。

　農業が盛んな途上国ももちろんある。だが食料安保にとって不可欠の作物である穀物で競争力を誇り，「農業大国」と言われるような国は先進国であることが多い。米国やカナダ，オーストラリアなどだ。

　なぜ途上国よりも，米国などの方が競争力が高いのか。この点について，農林中金総合研究所の阮蔚（ルアン・ウエイ）理事研究員は「巨大なトラクターやコンバインを使って徹底した省人化を図り，さらにはドローンや衛星センサーから得た土壌の成分や水分の分析，農産物の生育情報を駆使した科学的農業を推進しているからだ⁽¹⁾」と解説する。

　IT産業や工業などと同様に，農業も科学技術によって競争力が大きく左右される。化学肥料や農薬，種子の開発なども先端技術を活用できるかどうかが決定的に重要になる。その効果は，途上国の人件費の低さをはるかに上回る。これが価格競争力に直接結びつく。

　加えて重要なのが政策による誘導だ。ロシアの農業はプーチン大統領が登場するまで，国際的にそれほど目立つ存在ではなかった。だがプーチン氏が農業生産を振興するために融資への利子助成など国内農業の保護策を強化し，農業強国に変貌した。政策が功を奏し，「ロシアは世界の穀物輸出国の重要な一角を占めるようになった⁽²⁾」。

　こうした事実は，日本の食料安保を考えるうえで示唆に富む。日本の**食料自給率**は4割を下回り，主要国では異例の低水準にある。だが日本の経済力や技術力をもってすれば，現在の延長とは違う農業の姿を構想し，よ

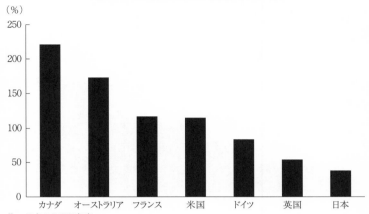

図表 9-1　主要国の食料自給率（2020年）

注：日本のみ2022年度。
出所：農林水産省ウェブサイト掲載資料より作成。

り安定した食料供給のシステムを実現できるはずだ。

　それが食料安保に関する本章のメッセージとなる。

2　破綻した戦後農政

2.1　農業問題と食料問題の違い

　農業問題と食料問題は，一般には同じことと思われているかもしれない。だが2つに関連はあるが，同一のテーマではない。

　単純化して言えば，食べ物が足りなくて食料問題が深刻なら，農産物の価格が上がって農家が潤う。逆に食料が余れば農業の収益性が低下して，農業問題が浮上する。両者はトレードオフの関係にある。

　ただし，両者が真っ向から対立しているわけではない。大量の食品ロスが発生していることに象徴されるように，食料が余っているときは農業経営をいかに効率化し，政策で支えるかが課題になる。だがそれは，「農家が苦しいから助ける」といった単純な話ではない。

　気候変動や軍事紛争など様々なきっかけで，食料の需給が一気にタイトになり，不足する恐れが潜在的にある。それが顕在化したとき，国内で一

定の食料生産を可能にするための自給力が必要になる。

　食料自給力を構成する要素に，生産者と生産技術，生産インフラである農地の３つがある。食料が過剰な時期に農業政策を怠り，自給力を弱めてしまえば，食料問題に直面したときに対応ができなくなる。

　食料問題と農業問題の間のシーソーゲームでうまくバランスを取りながら，長期的な視点で自給力を維持することが大切なのだ。

2.2　畜産振興，成功の裏の過ち

　ここで日本の農政の歩みについて概観しておきたい。リスクの本質を理解するには，その遠因を知る必要があるからだ。

　終戦直後の日本は極度の食料難に陥り，食料をいかに確保するかが政府にとって喫緊の課題になっていた。農業の収益性は相対的に高く，農地解放も追い風に農業生産が活発になった。

　ところが増産がある程度進み，農産物の輸入もあいまって食料難が遠のくと，他産業と比べたときの農業の収益性の低さが浮き彫りになった。農業問題にいかに対処するかが，農政のテーマになった。

　戦後農政の憲法と言われる**農業基本法**はこうして登場した。制定は1961年。前年に誕生した池田勇人内閣が国民所得を２倍以上にするという目標を掲げ，日本が高度成長の真っただ中にあった。

　こうした時代背景を受けて，農業基本法は農家の所得を他産業並みにすることを最優先の課題とした。それを実現するために打ち出した政策が２つある。「構造改善事業」と「選択的拡大」だ。

　構造改善事業は，経営規模を大きくして効率を高め，所得を増やすことを目指す。高度成長のもとで農村から都市への人口移動が進むことで，１戸当たりの栽培面積が拡大することを想定した。

　これに対し，選択的拡大は需要の拡大が見込まれる作物に経営資源と政策を集中させることを指す。その代表的な分野が畜産だ。日本人の食生活の変化をにらんだこの政策は的中した。

　ところが農政はここで，現在の農業の苦境に結びつくある決断をする。

畜産が伸びると判断しておきながら，飼料穀物を振興しなかったのだ。日本の外交関係がその背景にあった。

　農林次官のときに基本法の制定を主導した小倉武一氏は，同法が成立した翌年の1962年に次のように記している。[(3)]

　「日本が，どういう国と通商を拡大し，（中略）その国の農産物と日本の農産物とは，どういう競合のしかたをするか——というようなところから，できるだけ競合しないもの，競合しても負けないような作物に，おのずから重点を移していかなければなりません」

　ここで「日本が通商を拡大する国」が米国を指すことは論を待たないだろう。こうして日本は飼料穀物のトウモロコシと，油脂の原料になる大豆，小麦の多くを米国からの輸入に頼ることになった。

　日本のように高い経済力と技術力を持つ国であれば，別の選択肢もあり得ただろう。米国と効率で張り合うのは無理かもしれない。それでも，輸入依存の構造を改めるチャンスはあったのではないだろうか。

2.3　深刻な自給率低下

　時計の針を進めよう。農水省は1961年制定の農業基本法に代わり，食料・農業・農村基本法を1999年に制定した。

　旧基本法が破綻したことは，誰の目にも明らかだった。まず構造改善事業は目途が外れ，規模拡大はほとんど進まなかった。都市への人口流出は確かに進んだ。だが農家は小規模なまま残った。

　理由は2つある。1つは地価が高騰する中で田畑は資産として意識されるようになり，農地の流動化が進まなかったこと。それでも農家であり続けることができたのは，工場などで働くことで，家計を成り立たせることができたからだ。兼業化がもう1つの理由だ。

　一方，旧基本法が成果をあげることができない陰で，農業と食料に関して深刻な危機が進行していた。食料自給率の低下だ。1965年度に73％あったカロリーベースの自給率は，1990年代は50％を割り込むまで低下した。2022年度は38％。主要国の中で極めて低い。

カロリーベースの自給率については，「あえて水準を低く見せることで，農業保護を正当化するのが農水省の目的」といった批判がある。確かに，生産額ベースで見れば自給率は58％まで高まる。

これは，２つの指標の性質の違いによる。生産額ベースの自給率は，いわばビジネスとして見たときの日本の実力を表す。これに対し，カロリーベースの自給率は日本に潜在的にどれだけ「飢え」のリスクがあるかを示す。カロリー供給が減れば，人は体重が減少するからだ。

しかも品目ごとに見ると，事態はもっと課題を抱えていることがわかる。例えば，日本人の食生活に深く浸透したパンやパスタの原料になる小麦の自給率はカロリーベースで見ると16％で，大豆は25％。飼料用トウモロコシにいたっては，ほぼ全量を海外から輸入している。

海外依存という意味で言えば，農業生産に欠かせない肥料をめぐる状況も深刻だ。化学肥料の原料は，なんと100％近くが海外からの輸入。これが大量の食料を廃棄する「飽食の国」の実態なのだ。

3　時代は過剰から不足へ

3.1　ウクライナ危機で一変

コメを除く穀物のほとんどと，化学肥料の大半を海外に依存しているのが日本の食料供給の実像だ。大豆の世界的な不作と米国による大豆の輸出規制が重なった1973年を除くと，主要国で異例の自給率の低さという日本が抱える潜在的なリスクが顕在化することはなかった。

2022年２月からの**ウクライナ危機**で事態は一変した。ロシアとウクライナは小麦やトウモロコシを大量に輸出しており，穀物の国際相場がロシアによるウクライナ侵攻をきっかけに高騰した。ロシアが世界有数の肥料の輸出国であることが響き，肥料の国際相場も急騰した。

輸入小麦の価格上昇に円安が重なり，パンや麺類をはじめとして様々な食品の値上げが続き，家計を圧迫した。価格改定の動きは2024年に入って一段落しているが，影響はいまも続いている。

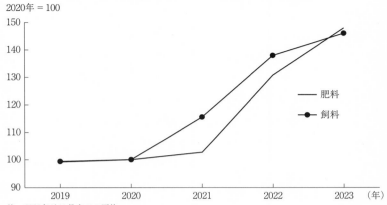

図表 9-2　肥料と飼料の国内の価格指数（年平均）の推移

2020年 = 100

凡例：
― 肥料
―●― 飼料

注：2023年は11月までの平均。
出所：農林水産省ウェブサイト掲載資料より作成。

　ここではとくに，農業生産に与えた影響について触れておきたい。ひとつは肥料価格の上昇だ。農水省の農業物価統計によると，2020年を100としたときの肥料の価格指数は，ウクライナ危機発生後の2022年 6 月に129.6まで上昇した後，急カーブを描いて上昇し，2023年 5 月には155.3まで急騰，同年11月も138.6と高止まりの状態が続いている。

　一部の特殊な農法を除くと，作物の生産はあまねく肥料を必要としており，急激な価格の上昇は農業経営に大きなダメージを与えた。肥料の多くを輸入に頼る危うさが，ついに浮き彫りになったのだ。

　一方，飼料価格の上昇は畜産や酪農の経営を直撃した。2022年の平均で138まで上がった指数は，2023年を通して140以上で推移しており，とくに設備投資をして大規模化していた酪農が深刻な影響を受けた。

　旧農業基本法は酪農や畜産を選択的拡大の対象にし，政策で後押しした。にも関わらず，両者に不可欠な飼料穀物を輸入でまかなう決断をしたことが，60年のときを経て経営を揺るがした。

3.2　危うい食料安保

ウクライナ危機による食料の供給環境の激変を受け，課題として浮上し

たのが1999年制定の食料・農業・農村基本法の改正だ。焦点は，日本の食料安保をいかに確かなものにするかにある。

　現行の基本法は，食料の安定供給の確保と，農業生産を通じて得られる自然環境の保全など多面的機能の発揮，農業の持続的な発展，農村の振興を基本理念として掲げている。具体的には，食料自給率の向上を軸とする食料・農業・農村基本計画の策定を定めたのが特徴だ。

　制定から20年余りを経て食料と農業を取り巻く内外の状況が大きく変化し，現行の基本法では対応が難しくなった。

　1つは食料安保への関心の高まりだ。現行の基本法も，世界の食料の需給に不安定な面があることを指摘してはいる。だが当時の農政の関心は度重なる農産物市場の開放を受け，いかに農業経営を鍛えるかにあった。その成果として，農家の法人化の流れができた。

　状況は一変した。穀物や肥料の国際相場が高騰し，両者の大半を輸入に頼る危うさが浮き彫りになったのは先に指摘した通りだ。

　これと関係するのが経済力の低下だ。食料の輸入で中国などに「買い負ける」ことが懸念されている。「海外から買えばいい」との楽観論が後退し，生産力をもっと高めるべきだとの機運が高まった。

　気候変動も新たな要素だ。自然災害で農業生産の被害が増える一方，脱炭素に貢献する環境調和型の農業の実現が必要になった。

　農水省はこれを受け，基本法の改正に関して4つの方向性を打ち出した。「食料を届ける力の強化」「環境に優しい農業・食品産業への転換」「生産性の高い経営」「農村や農業のインフラの維持」だ。

　このうち，生産性については人工知能（AI）を活用するスマート農業の活用など，現行法を制定したときになかった視点を取り入れた。温暖化ガスの削減を提起して，国際潮流に対応しようとしている。

　だが肝心なのは，食料を届ける力の強化だ。この点に関連し，基本法の見直しを議論した農水省の審議会は「農業法人の経営基盤の強化」「農地の集積」「小麦，大豆，飼料作物の生産の拡大」「生産資材の国産化」「収入保険などセーフティーネットの活用」などを提起した。

あまりに総花的であり，食料の供給を安定的なものにするために，どこに最も注力すべきなのか定かではない。このままでは，せっかく基本法を改正しても，これまでの延長にとどまる可能性が大きい。

では何に力を入れるべきなのか。農産物の生産力の強化を軸に，筆者の提言をこの章の後段で紹介するが，その前に，社会の関心の高い**食品ロス**と食料安保の関係について触れておこうと思う。

4　食品ロスと食料安保

4.1　続く大量のロス

食品ロスの解消が社会的な課題になっている。一昔前，節分に大量の恵方巻きが廃棄されていることがニュースになった。そうした報に接すると，廃棄をなくすべきだという世論は正しいように感じる。

確かに「飽食の国」とも言うべき現状に，改めるべき点は様々にある。だが問題を食料の「余剰」と「均衡」という観点から見つめ直してみると，ことはそう簡単ではないことが浮き彫りになる。

まず農林水産省がまとめた「食品ロス及びリサイクルをめぐる情勢」（令和5年11月版）をもとに現状を確認しておこう。

なぜ食品ロスを減らすべきなのか。農水省は食料生産で大量のエネルギーを消費し，廃棄の際に運搬や焼却で二酸化炭素（CO_2）を発生させる点をあげる。環境への負荷だ。世界の10人に1人が栄養不足と言われていることも指摘し，廃棄がはらむ問題を示している。

食品ロスが発生する原因は様々にある。食品関連企業の活動に伴う廃棄は，規格外品や売れ残り，返品，食べ残しなど。家庭でも調理の際に過剰に除去したり，食べ残したりすることで発生する。

農水省の資料によると，2021年度の食品ロスは事業系と家庭系の合計で523万トン。主食米の需要量が年700万トン弱なのと比べると，いかに大量の食品がまだ食べられるのに捨てられているかがわかる。

事態が悪化し続けているわけではない。2012年度に642万トンあった食

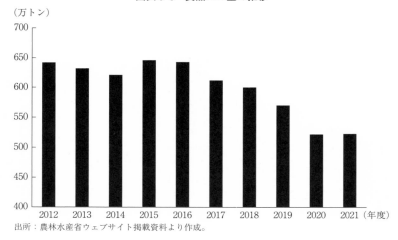

図表 9-3　食品ロス量の推移

（万トン）

出所：農林水産省ウェブサイト掲載資料より作成。

品ロスは，多少の起伏はありながらもほぼ減少傾向にある。世の中の関心が高まり，企業などが削減に取り組んだ成果だ。

4.2　目標になりえない「廃棄ゼロ」

食品ロスを削減すべきだという点については，社会に一定のコンセンサスがあり，関係者の努力で削減が続いている。だが食料安保との関連で見ると，廃棄をゼロにすることが目標にはなりえない。

理由は，どれほど生産技術が向上しても，農産物の生産は天候の影響を避けられないため，「過不足ない」という状態はリスクをはらんでいるからだ。ならして需要と供給のバランスがとれていても，いざ不足が発生したときに，社会が大きく動揺するのが確実だからだ。

天候の影響でときに生産量が落ち込むことを考えれば，需要よりも多めに生産し，常にある程度の余剰があることが，社会の福利にとって重要になる。ただし，余った分を単に廃棄していたのでは，食料安保に資することができない。重要なのはロスの把握と配分だ。

例えば，食品が売れ残ってしまいそうな食料品店や飲食店と消費者を結びつけるアプリがある。店側は通常よりも割安な値段でアプリに出品し，

購入を決めた消費者は店に行ってそれを受け取る。

　閉店間際のスーパーの値引きと違うのは，店と消費者を「つなぐ」という機能がある点にある。この仕組みがうまく回るようになれば，いざというときに食品が無駄に廃棄されるのを防ぐことができる。

　消費期限が近づいた食品の寄贈を企業などから受け，生活困窮世帯などに届けるフードバンクやこども食堂なども，同様の文脈で考えることができるだろう。食品価格が高騰したり，食品が足りなくなったりしたとき，一番に生活を脅かされるのはそうした世帯だ。

　困窮世帯がどこにいるのかを自治体やNPO法人などが日頃から把握し，必要なときに支援する。これは平時のセーフティーネットであるとともに，緊急時に最も求められる社会の機能でもある。

　食料が過不足ないという状態を避け，ある程度の余剰を前提にした食料供給が必要になる以上，食品ロスは必ず一定程度発生する。それを平時から社会の中で「回す」という仕組みをつくっておけば，世界的な異常気象や軍事紛争で輸入が不安定になったとき，対応しやすくなる。そんな観点から食品ロスの問題を向き合うこともできるのではないだろうか。

5　食料安保のカギは海外の影響の緩和

5.1　「自給」より「緩和」をキーワードに

2023年12月に発表されたニュースを取り上げよう。

　全国農業協同組合連合会（JA全農）は東京都と連携し，下水汚泥から回収したリンを肥料として活用する取り組みを始めると発表した。

　植物の生育にとって重要な要素に，窒素，リン酸，カリウムの3つがある。下水はそのうちリンを豊富に含む。化学的な処理を施してそれを抽出し，製品化するのがプロジェクトの柱だ。

　東京都の下水処理施設で専用のプラントを稼働させ，回収リンの肥料としての品質の向上や作物の栽培試験に取り組む。肥料は都内を中心に流通させるほか，他の地域で販売することも視野に入れている。

下水から回収したリンで肥料をつくる事業は神戸市が先行して進め，すでに商品化している。東京都が同様の事業に乗り出すことをきっかけに，回収リンの活用が各地に広まることが期待されている。

ただし，回収したリンの活用がいくら進んでも，輸入に頼らないようにするのは難しい。だが国際相場の高騰や為替相場の変動の影響を，ある程度は和らげることにつながるかもしれない。

これが日本の食料安保にとって最も大切なことだと思っている。気候変動や軍事紛争を含め，海外情勢の影響を可能な限り緩和する。「自給」ではなく，「緩和」が食料安保のキーワードだ。

5.2　イモにもコメにも頼り切れない

食料安保の本丸である穀物のことに話題を移そう。それを考えるヒントにするため，まず日本人の食生活を確認しておきたい。

農水省によると，国民1人当たりの1日の供給熱量は，2022年度でコメが477キロカロリー。肉類や乳製品などで供給される量が408キロカロリー。油脂が327キロカロリーで，小麦は299キロカロリーだ。

日本人の食生活の変化というと，パンやパスタを多く食べるようになったことをイメージするのではないだろうか。ところがカロリーから見ると，畜産物や油が高い比率を占めていることがわかる。

農水省がまとめた「緊急事態食料安全保障指針」は，コメや麦，大豆などを緊急増産しても国民が必要とするカロリーを供給できない事態に陥ったとき，イモ類を増産することを提起している。

イモは単位面積当たりの収量が多く，やせた土地でも生産できるため，食料安保に資する面は確かにある。だがそれは理屈のうえでの話だ。

イモも農産物の1つである以上，栽培技術のある生産者が要る。農業機械も必要になる。増産のための種芋も欠かせない。平時からそれらを用意しておかなければ，緊急時にただちに対応することはできない。

いざというときの選択肢の1つとして，イモの増産を視野に入れておくことに一定の意味はあるだろう。だがそれを食料安保の柱にすえることが，

国民を飢えから守るための現実的な方策とは思えない。

　食料安保に関してはこのほか，コメを輸出すればいいという意見がある。国内消費は減っているので，海外市場を開拓してコメを増産する。緊急時にそれを国内に回せば，危機を回避できるという発想だ。

　この提案もイモに頼る食料安保の確保と同様，一定の意味はあるだろうが，コメを増産しておきさえすれば大丈夫とは考えにくい。

　懸念の１つは米価が下がることだ。海外から小麦や大豆などを輸入するのが難しくなくなったとき，コメでカロリー供給を代替しようと思えば，膨大な量を増産し，輸出に回しておくことが必要になる。

　コメの増産と輸出の増加が歩調を合わせて進んでくれればいい。だが思うように輸出を伸ばせなければ，米価に強い下方圧力がかかる。いったん輸出が増えても，何かの理由でストップすれば同じことが起きる。

　それでコメ農家が経営に行き詰まり，離農するようなことになれば，食料安保の確保という目的にとって本末転倒になる。

　あるいはそれは杞憂に過ぎず，大量のコメを安定して輸出できるようになるかもしれない。では緊急時に国内に回したとき，輸出先の国で何が起きるか。需給がタイトになって，価格が上昇する可能性が大きい。とくに相手が途上国なら，貧困層が深刻な打撃を受けることになりかねない。

　コメに頼り切る食料安保も問題含みと言える。

5.3　安定供給のための試算とビジョンを

　結論に移ろうと思う。緊急時にイモに頼ることも，輸入していたコメを国内に回すことも，食生活をがらりと変える点では共通だ。これはリスクが顕在化してから，急場しのぎで手を打つことに等しい。

　そもそも日本で食料安保が課題になるのは，国民へのカロリー供給で極めて重要な作物である飼料用トウモロコシと大豆，小麦，そして農業生産に不可欠な肥料の大半を海外から輸入しているからだ。

　リスクをできるだけ顕在化させないためには，これらを可能な限り国内で生産しておくことが必要になる。ここで日本の科学技術をいかす余地は

十分にある。作物について言えば，食生活の内容に合わせて何を生産するかを決めると言い換えることができる。

　ただし，ここでも肝心なのは海外産を国産に置きかえようなどとは考えないことだ。100％自給は非現実的であり，目標にはなり得ない。農政が目指すべきなのは，海外相場の影響をできるだけ緩和することだ。

　そこで農政にまずに求められるのが，コメ以外の穀物で国際相場の影響を和らげるために必要な生産量などに関する試算だ。それをもとに長期的なゴールを設定し，農地の確保を含めて政策で後押しする。

　農政は小麦や大豆，飼料用トウモロコシなどの畑作物の生産を増やす方針を掲げているが，ゴールが曖昧なままでは政策として意味をなしえない。中途半端な増産で終われば，食料安保に結びつかないからだ。

　以上を踏まえて，コメの輸出も考えるべきだろう。コメ以外の穀物の自給が難しい以上，国際相場の影響を完全には排除できない。その影響が深刻になるのを防ぐため，コメのある程度の増産は検討に値する。

　農政に欠けているのは，国民に安定的に食料を供給し続けるためのビジョンだ。国際相場の高騰で農家の経営や家計が圧迫された経験を無駄にせず，あるべき農業生産の形をいまこそ模索すべきだ。

おわりに（展望）

　大量の食品ロスが発生する現代は，日本の歴史にとってとても「ハッピー」な時代と見ることもできる。富の偏在による食料供給の偏りがあるとは言え，それを是正すれば，少なくとも国民が飢えに苦しむリスクはかつてなく小さくなっているからだ。

　それを支えているのは，海外から輸入した膨大な量の農産物であり，ひとたび調達が難しくなれば，潜んでいたリスクが顕在化する。その懸念が徐々に大きくなっているのが，食と農を巡る状況だ。

　それを改めるために必要なのは，1961年に農業基本法を制定して以降，形づくられてきた，日本の農業と食料供給の構造の変革だ。日本の技術力を結集した品種開発と栽培手法の確立，そしてビジョンを明確にした政策

の後押しが，新たな挑戦を支えるだろう。

注

⑴　阮蔚（2022）『世界食料危機』日経 BP 日本経済新聞出版，p. 22。
⑵　同上，p. 32。
⑶　小倉武一（1962）『農業の将来を考える』家の光協会，p. 110。

<table>
| 第10章 | ダイバーシティはなぜ必要か |
</table>

第10章　ダイバーシティはなぜ必要か

天野由輝子

──────── 要　旨 ────────

1. 日本の女性の就業率は7割を超え，専業主婦家庭ではなく，共働き家庭が主流となった。だが，パートで働く人が多く，企業で意思決定する立場にいる女性はいまなお少数派だ。国際的にみても日本の管理職の女性比率の低さは際立つ。

2. 政治の世界も同様である。衆院議員の女性比率は1割程度で世界を見渡してみても圧倒的な低さとなっている。こうした経済，政治の状況から，世界経済フォーラムのジェンダーギャップ指数で日本は146カ国中125位に甘んじる。主要7カ国のなかでは最下位だ。

3. 性別や人種，国籍など，人材の多様性を尊重することは世界的な潮流である。企業経営にも多様性は欠かせないとして，機関投資家も女性登用に注目するようになった。女性の取締役がいなかったキヤノンは2023年の株主総会で経営トップの再任案への賛成率が急落し，「キヤノンショック」と呼ばれた。

4. 海外では役員や選挙の立候補者の一定数を女性に割り当てる「クオータ制」の導入で要職につく女性を増やす国もある。それでもなお男女格差は残るが，政策をつくり法制度を変えることがジェンダーギャップ解消に向けた近道といえる。

▶key words：ダイバーシティ，ジェンダーギャップ指数，マミートラック，アンコンシャス・バイアス（無意識の偏見），クオータ制

はじめに

　ひとくちに**ダイバーシティ**（多様性）といっても性別，性的志向（LGBTQ＋），人種，国籍，年齢，などと分野は幅広い。どれも重要なテーマだが，ここでは人口の半分を占める女性が置かれた状況，そして女性が活躍できる環境をどうつくっていけばいいかに焦点を当てる。女性が能力を発揮できる社会にすることが，性的志向や人種など多様な属性の人が暮らしやすい社会にするための第一歩だからである。

本章ではまず日本の女性が置かれた状況を把握する。次になぜ多様性が必要なのか，どうすれば格差を埋められるのかを考えさらに男女格差を解消しようとする諸外国の動きを追う。最後に北欧の国・デンマークの現状を報告する。海外でも完全に男女平等を達成している国はないが，その模索は日本の参考になるだろう。

1　日本の女性を取り巻く状況

1.1　世帯の姿，共働きが主流に

近年，働く女性は増え続けた。総務省の統計では，1990年代半ばに専業と共働きの世帯数が逆転し，差はどんどん拡大した。サービス業や医療・介護分野などで多くの女性が働くようになり，昭和の時代に多数派であった専業主婦世帯は令和では少数派だ。

雇用の中身をみるとどうか。総務省の労働力調査によると女性就業者のうち非正規社員は53％と過半数を占める。男性は23％にすぎず，その差は大きい（2023年平均）。パートであれば，正社員のように急な残業を求められて長時間労働になったり，転勤で頭を悩ませたりすることはない。子育てや家事に時間を割きやすいなど比較的自由に働ける。

だが，業務上の能力開発の機会は少ない。スキルアップできないまま，職場での役割が固定してしまう面がある。社会全体で考えた場合，女性の潜在的な力が埋もれたままの状況を招いている。一定数の人口の能力を十分生かせていない，ということだ。

1.2　リーダー層に少ない女性

厚生労働省の雇用均等基本調査（2022年度）では，日本では管理職の女性は10人に1人にとどまっている。課長相当職のうち女性は11.6％，部長相当職では8％だ。こうした要職に就く女性が少ないのは企業に限ったことではない。

小学校に入学してから高校を卒業するまでに出会ってきた校長を思い出

図表 10-1　1990年代に共働き世帯が専業主婦世帯を上回った

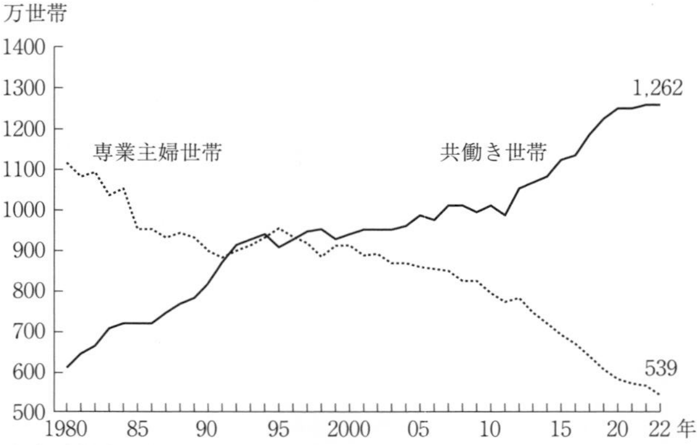

万世帯

```
1400
1300                                                          1,262
1200
1100  専業主婦世帯              共働き世帯
1000
 900
 800
 700                                                           539
 600
 500
     1980   85   90   95  2000   05   10   15   20  22年
```

出所：労働力調査。

してほしい。女性の校長も少数派だ。文部科学省の学校基本調査（2023年）によれば，公立学校の校長で女性の割合は小学校で27％，中学校で11％，高校で10％である。教員全体でそれぞれ女性は63％，45％，35％いることを考えると，学校のトップを務める女性がいかに限られているかがわかる。

　とはいえ，学校教育では男女平等が基本であり，男女差を意識せずにやってきた，という人は多いだろう。だが，世の中に出てみるとリーダーシップを取る立場の女性は少ないのが実情だ。

　政治は女性の参画が最も遅れている分野のひとつだ。1946年の衆院選に女性が初めて投票し，39人の女性議員が誕生した。そのときの当選者の女性比率は全体の8.4％だった。それから半世紀以上たったが，2021年の衆院選でも9.7％と横ばいである。

　男女の候補者数をできる限り均等にするよう政党などに求める「政治分野の男女共同参画推進法」が2018年に施行されたが，女性候補者は増えなかった。政治家は24時間働くことが理想とされたり，女性はハラスメントを受けやすかったりするほか，家族の反対にあう例が多いことも理由としてある。

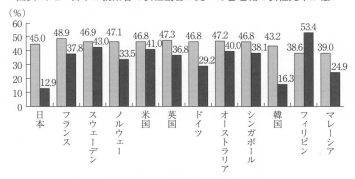

図表 10-2　日本は就業者の女性割合に比べて管理職の女性比率が低い

■ 就業者　■ 管理的職業従事者

備考：1．総務省「労働力調査（基本集計）」（令和4（2022）年），その他の国は ILO
　　　　 "ILOSTAT" より作成。
　　　 2．日本，米国は令和4（2022）年，オーストラリア，マレーシアは令和2
　　　　 （2020）年，英国は令和元（2019）年，その他の国は令和3（2021）年の値。
　　　 3．総務省「労働力調査」では，「管理的職業従事者」とは，就業者のうち，会社
　　　　 役員，企業の課長担当職以上，管理的公務員等。また，「管理的職業従事者」
　　　　 の定義は国によって異なる。
出所：男女共同参画白書（2023年版）。

1.3　海外と比べると？

　完全なジェンダー平等を達成している国はないとみていい。だが，ほか
の先進国と比べても日本の状況は心もとない。

　内閣府の男女共同参画白書（2023年版）によると，就業者に占める女性
の割合は45％あり，諸外国と比べても大きな差はない。だが，管理職の立
場の女性は米国やスウェーデンでは4割を超し，フィリピンは5割以上を
占めている。

　なぜ日本と諸外国に大きな差があるのか。根底にあるのは「仕事は男性，
家事育児は女性」という日本の根強い性別役割分担意識である。正社員で
あっても育児休業や短時間勤務を選ぶのは女性が多く，その分スキルアッ
プが遅れてしまう。家庭での責任を背負い込み，昇進に二の足を踏む状況
がある。

　これは男女の賃金格差にもつながる。諸外国にも男女間の賃金格差はあ
るが，日本ではほかの先進国と比べても女性は男性より稼げていない。経

図表 10-3　世界経済フォーラムのジェンダーギャップ指数（2023年版）のランキングで日本は低迷している

G7や東アジア諸国の中でも最低水準	
国名	順位
アイスランド	1（1）
ノルウェー	2（3）
フィンランド	3（2）
ニュージーランド	4（4）
スウェーデン	5（5）
ドイツ	6（10）
英国	15（22）
カナダ	30（25）
フランス	40（15）
米国	43（27）
イタリア	79（63）
韓国	105（99）
中国	107（102）
日本	125（116）

注：146カ国中，カッコ内は前年順位。
出所：『日本経済新聞』2023年6月21日付（日経電子版）。

済協力開発機構（OECD）のデータベースの「Gender wage gap」（2024年1月5日データ取得）では男女の賃金格差は21.3％あり，OECD 平均の2倍近くにのぼる。管理職に女性が少ないこと，保育士や幼稚園教諭など低賃金の職種に女性が多いこと，非正規労働に女性が偏っていることなどが要因である。

　世界経済フォーラム（WEF）は毎年，**ジェンダーギャップ指数**を出している。男女平等の実現度を示す，女性活躍の通知表のような位置付けだ。2023年版によると，日本は教育や健康に関する分野はそれぞれ47位，59位である。だが，政治や経済の分野で女性リーダーが少なく，賃金格差も大きいことから政治は138位，経済は123位に沈む。総合すると146カ国中125位と下から数える方がはやい。主要7カ国（G7）のなかでは圧倒的な下位

である。

2　なぜ多様性が必要なのか

2.1　D&I，DE&I とは

　企業の多様性施策の多くは D&I（ダイバーシティ＆インクルージョン）と呼ばれている。多様な人材をただ採用するだけではなく，違いを尊重し，能力や個性が生かされている状態を目指す言葉だ。最近では DE&I（ダイバーシティ・エクイティ＆インクルージョン）と呼ぶ企業も増えてきた。

　E は公平さ（Equity）を示す。人は自分の力ではどうにもできないこともある。社会構造の偏りをなくすには，一人ひとりの状況を見ながら優遇措置を考える必要がある。一例を挙げると，困窮する家庭の経済環境なども子どもの力では解決が難しい。そうしたハンディを不利なままにせず，挑戦する機会は公平に与える。そしてリーダー層にも多様な人材を入れる。これが多様性戦略のポイントであるという認識が広まってきている。

2.2　生き残りのための多様性戦略

　シティグループ最高経営責任者（CEO）のジェーン・フレーザー氏は米国の主要銀行で初めて女性としてトップになった経営者である。フレーザー氏は『NIKKEI Financial』のインタビュー（2022年 5 月 9 日公開）でダイバーシティについて「成長を可能にし，企業の健全化を促す」と答えている。「強みを生かせず，自分らしくないと感じている人からは素晴らしいアイデアはなかなか生まれないので，その重要性を強く主張している」と説明している。自分らしくいることを尊重されれば，安心して働ける。それは女性だけではなく，男性にとっても望ましい考え方だろう。

　こうした多様性を尊重する考えはシティに限らず，グローバル企業ではもはや一般的な認識だ。日本の経済産業省もダイバーシティ経営を「多様な人材を活かし，その能力が最大限発揮できる機会を提供することで，イノベーションを生み出し，価値創造につなげている経営」と定義している。

写真 10-1　シティグループ CEO のジェーン・フレーザー氏は米主要銀で初めて女性としてトップになった

出所：『Nikkei Financial』2022年5月9日付。

女性を始め，これまで少数派として力をなかなか発揮できなかった人たちが活躍することが生き残りのために必須，と考えられるようになっている。

リスク管理という観点からも重要だ。『多様性の科学』（マシュー・サイド著）が示す米中央情報局（CIA）の例は興味深い。2001年9月11日の米同時テロ事件では以前から危険な兆候があった。なのに CIA は事件を予測できなかった。

なぜか。あげられているのは集団の同質性だ。組織は中・上流階級出身で一流大学卒の白人男性ばかりだった。非白人や女性は圧倒的に少なかった。アフガニスタンのパシュトー語を話す捜査官はもちろん，アラビア語や中国語を話す分析官もほとんどいなかった。他国からの重大な報告も見過ごした。

そして起きたのが9.11の大惨事だ。画一的な組織では盲点を見抜けず，複雑な問題の解決に必要ないくつもの視点を持てないのである。その後，CIA は自分たちが致命的な画一的な集団であることに気付き，アフリカ系米国人のムスリムを採用するなど多様性に目を配るようになった。[1]

2.3　動き出した投資家

近年では日本の多様性の欠如に市場が目を光らせるようになっている。機関投資家が上場企業の取締役会に多様性を求める圧力を強めている。取締役会が中高年男性ばかりで多様性がないと様々な課題に目配りできず，

記事 10-1　キヤノンは女性がいない取締役会が問題
　　　　　 視されたことから，女性取締役を初めて
　　　　　 迎えることにした

伊藤明子氏

キヤノン初、女性取締役
候補に伊藤前消費者庁長官

キヤノンは7日、20 24年3月の定時株主総会に諮る新たな取締役候補を発表した。前消費者庁長官の伊藤明子氏を社外取締役となる女性取締役としてキヤノン初の女性取締役に迎える。同社は取締役会に女性がいないことが問題視されていた。23年の株主総会で経営陣への賛成率が急落していた。

伊藤氏は京大工学部卒業後、1984年に建設省（現・国土交通省）へ入省した。2011年には国交省で初となる女性局長として住宅局長に就いた。19～22年に消費者庁長官を務めた。

社外取締役は2人増員し4人とする。元最高裁判所判事の池上政幸氏、元環境次官の鈴木正規氏が社外取締役に就く。現社外取締役の斉田田太郎氏（元大阪高検検事長）は退任する。

同社は7月1日に企業統治の改善を担う「コーポレートガバナンス推進室」を立ち上げ、24年3月の株主総会に向けて女性取締役の選任を進めて6人体制とする。米販売統括会社キヤノンUSA社長の小川一登専務、社内取締役にも3人増員

出所：『日本経済新聞』2023年9月8日付（朝刊）。

質のいい議論ができない，という判断がある。

　2023年に話題になったのが「キヤノンショック」だ。株主総会で，御手洗冨士夫会長兼社長CEOの再任に対する賛成率が50.59％とギリギリだったことが世間を驚かせた。女性取締役の不在が原因だったとされる。多様性の確保が経営の優先課題になり，投資家も動くことで，上場企業を中心に人材の多様性が広がると見られる。

3　どうすれば格差をうめられるか

3.1　マミートラックを克服

　ではどうすれば自分らしさを大切にしながら，女性が力を発揮できるようになるのか。女性活躍，多様性施策を阻む課題としてよく指摘されているのがマミートラックやアンコンシャス・バイアス（無意識の偏見）であ

る。

　マミートラックは子どもがいる女性社員向けの緩やかなキャリアコースを指す。スケジュールが読みにくい注目プロジェクトに起用しない，突発的な対応を求められる業務に配置しない，などと職場が配慮した結果，緩やかなキャリアコースとなる。職場側に「女性は家事育児が大変だから」という遠慮が働くのだ。女性も仕事と育児の両立に対する自信のなさから職場の配慮をよしとし，マミートラックに陥りやすい傾向がある。

　それは働きやすいが，仕事のやりがいが得にくかったり，スキルアップできずに昇進が滞ったりする結果をもたらす。最近では育児したい男性が昇進できない「ダディートラック」という言葉も出てきた。

　マミートラックを克服しようとする企業の一例がキリングループだ。日経電子版（2021年6月14日）によると，女性社員の育成方針に「早回しキャリア」を掲げている。女性をより頻繁に異動させたり，責任が伴うプロジェクトに抜てきしたりし，出産・育児前に仕事経験を積ませようという試みである。キャリアの早い段階で仕事がおもしろい，と体感した女性が増えたことで女性管理職は2倍以上に増えたという。女性だけこうした施策の対象にすることに批判もあるかもしれない。だが，意識的に取り組みを進めないと女性のキャリア意識を高めることは難しい，ということの表れともいえる。

3.2　アンコンシャス・バイアスを意識する

　アンコンシャス・バイアスは無意識の偏見，と訳される。社会通念やこれまでの経験で身についた思い込み，先入観が本人は意図していないのに偏見へとつながる現象である。

　一例としてブラインドオーディションをあげたい。これは2023年のノーベル経済学賞を受賞したハーバード大のクラウディア・ゴールディン教授の実験だ。オーケストラの団員は男性ばかりだった。オーケストラは「実力主義による採用」と主張していたが，カーテンで仕切って性別がわからないようにオーディションしたら，女性の最終審査通過率は4倍に高まっ

た。カーテンが導入されるまで，審査員たちに性差別の意識はなかった。だが，演奏の腕ではなく固定観念で選んでいたということだ。[2]

　女性は性別が理由で不利になっていた。アンコンシャス・バイアスについて「まったく無縁です」といいきれる人は少ないのではないか。

　具体的にアンコンシャス・バイアスを排する取り組みの一例を紹介する。日経電子版（2020年3月8日公開）によると，日用品大手，ユニリーバ・ジャパンは人物本位の選考を確実にするため，名前や顔写真など性別に関する情報の記載を廃止した。応募者の人柄や可能性を見る前の段階で生じる偏見をなくすことが目的だ。

　性的少数者への差別解消を目的に性別欄を見直す例は増えた。だが，同社の狙いは女性活躍を意識し，日本で一番の課題である性差から取り組むことだったという。

3.3　政府の後押しは

　政府には女性登用に関する目標がある。東証プライム市場に上場する企業の女性役員比率を2030年までに30％以上に，優良なスタートアップ企業に占める女性起業家を20％にする，という目標だ。ただ，これは達成できなくても罰則があるわけではない努力義務である。

　こうした目標を設定すると「女性を優遇するのか」という反対意見が出てくる。ある大手金融機関のトップは筆者の取材に対し「目標設定することで，逆算してやるべきことが見えてくる」と述べていた。女性活躍推進法では一定規模以上の企業に，女性登用について数値目標を含む行動計画の策定を義務付ける。行動計画の達成は任意であり，対応は企業の自発性に委ねられている。

　現状では女性は家事育児の責任を負いがちだ。性別にかかわらず仕事と両立していくためには長時間労働の是正など職場が地道な働き方改革を続け，それを政策や法制度で促していくことが大切なポイントになる。

4 海外の取り組み

4.1 アイスランド

　海外ではどのように多様性を進めようとしているか。いくつかの国を取り上げてみたい。北海道よりやや大きい国土を持つアイスランドは男女平等に最も近い国といえる。ジェンダーギャップ指数で格差の小ささは世界1位だ。

　特筆すべきなのは，2018年に世界で初めて企業に男女の同一賃金を証明することを義務付け，違反があれば罰金を科す法律を施行したことだ⁽³⁾。罰金を科すことを含めて合意形成できたのは，国民の間にもジェンダーギャップを解消することが自分たちにとって重要だとの意識が強いからだろう。

4.2 フランス

　「男性は仕事，女性は家事育児」という性別役割意識があるのは日本だけではない。フランスは男性が取る育児休業の拡充で意識を改革しようとしている。2021年7月以降，育休とは別に，男性が子の誕生で取得可能な休暇を14日間から28日間に増やした。そのうち7日間は取得を義務付けた。マクロン大統領は「子どもが生まれた時，母親だけが世話をしなければならない理由はない」とし，制度改正の意義を強調した⁽⁴⁾。

　フランスは女性に仕事か子どもの二者択一を迫らない育休や復職制度を整えてきた。共働きの広がりに対応し，男性が育児を等しく分担することを政策的に強く後押ししているのである。

4.3 ドイツ

　日本とドイツは第2次世界大戦でともに敗北し，戦後は自動車産業など製造業で国際競争力をつけてきた。その中心にいるのが男性正社員であった点も日本と共通していたという。ドイツでも子どもは母親が家庭で育てるのが当たり前と長く考えられていた。戦後に誕生した東ドイツでは女性も就労を求められ，保育所も整備されたが，1991年のドイツ統一に伴って

むしろ保守的な西側の考え方が一般化した。[5]

　そんなドイツも近年では空気がだいぶ違うという。2000年以降，短時間正社員やワークシェアリングの導入など様々な改革を実施した。**クオータ制**もそのひとつだ。

　企業におけるクオータ制とは，役員に一定の女性を割り当てることである。ドイツは2016年，労働者や株主代表らで構成される監査役会において，大企業では役員の女性比率を30％以上にすると義務付けた。そこに空きが出たら女性を割り当て，女性をあてられなければ空席のまま，という仕組みである。

　この結果，施行時に21.9％だった監査役会の女性割合は35.2％（2020年4月末）まで上昇した。2022年には監査役会より強い決定権を持つ取締役会で取締役が3人超の場合，少なくとも1人は女性，1人は男性でなければならないとした。

　特徴的なのは，取締役が子育て，介護などに直面した場合，「タイムアウト」（一時的な休み）を取れるようにしたことだ。所管の大臣は「同法はドイツの女性にとって，重要な節目になると同時に，社会や企業自体にも大きな機会を提供する。取締役会の中には依然として閉鎖的な男性限定クラブが存在するが，それは今後終わりを迎えるだろう。組織のトップでも家庭と両立できるようになる」と説明した。[6]

　自分らしい生活を犠牲にせずに組織の要職を担える環境があるなら，挑戦しようという女性も増えるのではないだろうか。

5　男女平等の先進地・北欧のデンマークで起きていること

　アイスランドを始め，ノルウェー，フィンランド，スウェーデンなど北欧の国々はジェンダーギャップ指数で男女格差が小さい国として上位に並んでいる。ここでは筆者が2022年秋に出張したデンマークについて紹介したい。

　写真は首都コペンハーゲンに貼られていた候補者のポスターだ。出張中

写真 10-2　コペンハーゲンの街に貼られた選挙ポスター

出所：筆者撮影（2022年10月）。

に国会の総選挙が始まり，街路樹や橋の柵などにポスターが一斉に掲示された。そこであることに気付いた。女性と若い世代の候補者が多いのだ。

　日経電子版（2021年3月29日公開）によれば，政治のクオータ制は約130カ国・地域が導入している。政治のクオータ制とは議席や候補者の一定比率以上を女性に割り振ることである。海外では実際にそれで女性議員を増やしてきた。一方でデンマークには国が定めた政治分野のクオータ制はない。それでも女性の議員は30％台だった。2022年の総選挙で女性は44％まで伸び，半数にぐっと近づいた。

　注目すべきは女性の多さだけではない。年齢別でみると，30歳以下が8％，40歳以下は35％にのぼる。21歳の女性国会議員も誕生した。列国議会同盟（IPU）によると，30歳以下の国会議員は世界で平均3％おり，40歳以下でみると19％いる。一方，日本の衆院では30歳以下の国会議員は0.2％，40歳以下も6％と非常に少ない。デンマークの選挙権は日本と同様18歳からだが，被選挙権も18歳から。衆院が25歳，参院が30歳の日本よりも若者が政治に参画しやすいのだ。

　性別だけではなく，年齢の多様性も進んでいる。デンマークは国連持続可能な開発ソリューションネットワークなどが作成する世界幸福度ランキ

ング（2023年）で2位の国だ。中高年男性ばかりではなく，女性や若年層など多様な属性の人が意思決定にかかわり，様々な課題に目配りできることも国民全体の幸福度を上げている可能性がある。

おわりに（展望）

　日本の女性は労働市場において重要な戦力となっている。だが，パートで働くことが多く，能力開発が十分にされているとはいえない状況だ。根底には根強い性別役割分担意識や，正社員の長時間労働が当然とされる状況がある。これを変えるには，正社員の働き方を変え，男性が家事育児を主体的に担えるようにすることが必要だろう。フランスの男性育休の取り組みは参考になる。

　女性のスキルアップを促して男女の賃金格差を縮小させていくことも喫緊の課題だ。さらに社会のリーダー層に女性を増やす。ドイツのように取締役でも育児や介護で休むことがある，とリーダーのあり方を多様にすることで企業は変わり，社会の変革も進みやすくなると見られる。

　それは性別や国籍，年齢にかかわらず誰もが力を発揮しやすい社会づくりにつながるはずである。

注

(1)　マシュー・サイド（2021）『多様性の科学』ディスカヴァー・トゥエンティワン，pp. 12-58，pp. 344-350。

(2)　同上，pp. 331-332。

(3)　労働政策研究・研修機構（2019）『諸外国における女性活躍・雇用均等にかかる情報公表等について』p. 7，pp. 85-105。

(4)　労働政策研究・研修機構「メールマガジン労働情報」No. 1622（2020年9月24日）。

(5)　椋野美智子・藪長千乃編著（2012）『世界の保育保障』法律文化社，p. 123。

(6)　労働政策研究・研修機構（2021）「第2次女性の指導的地位法，22年施行へ」（『国別労働トピック（ドイツ）』所収）10月号。

<table>
<tr><td>第11章</td><td>スポーツとSDGs
一人々の「心」に訴えかける</td></tr>
</table>

———————— 要　旨 ————————

1. 国内外のスポーツ界で，SDGs に関連した取り組みを行う団体が増えている。社会的な責任を果たすための活動をスポーツ界でいち早く始めた米プロバスケットボール NBA。サッカー J リーグ，バスケットボール男子の B リーグなどの国内の団体。個別のクラブでも，地球温暖化への取り組みを存在意義に掲げる海外のサッカークラブや，SDGs の全目標を体験できる取り組みを行う国内のバスケットボールクラブなどが出てきた。

2. SDGs の文脈でスポーツに注目が集まるのには理由がある。スポーツは見る人の心を動かす力がある。選手らが SDGs の意義を訴えることで，人々の行動を変えることができると期待されているのだ。

3. スポーツ界が SDGs に取り組むことには「スポーツウオッシュ」の危険性もある。特に，近年のサッカーワールドカップ（W杯）や五輪などの大規模なスポーツイベントは様々な批判を浴びてきた。美辞麗句にとどまらない，実効性のある取り組みをできるかが問われている。

▶key words：NBA Cares，フォレスト・グリーン・ローバーズ，シャレン！，
　　　　　　スポーツを通じた気候行動枠組み，スポーツウオッシュ

はじめに

　スポーツと SDGs は一見，関係が薄そうな組み合わせである。しかし近年，両者は徐々に距離を縮めている。国内外のスポーツ団体，各チームの先進的な事例を最初に紹介する。

　次に，スポーツ界が SDGs に取り組む社会的意義とは何かを考えたい。地球温暖化の解決へ向けて音頭を取る国際連合もその影響力に期待を寄せる。そして，SDGs への取り組みがスポーツ界にとってもメリットがあることも解説する。

　SDGs に取り組むふりをすることで不正義を隠す「スポーツウオッシ

ュ」への懸念や，そうした疑念を払拭するための挑戦についても考えたい。

1　世界の先進事例を見る

1.1　「クライメット・プリッジ・アリーナ」の電力は100%再エネ

クライメット・プリッジ・アリーナ（Climate Pledge Arena）。日本語で
は「気候公約アリーナ」と呼ばれる。この風変わりな名前の施設は2021年，
米国西部のシアトルにできた。収容1万8000人で，アイスホッケーNHL
や，女子プロバスケットボールWNBAのチームの本拠地になっている。

施設のネーミングライツ（命名権）を米アマゾン・ドット・コムが取得
した。普通は社名や自社のサービスの名前をつけるところだが，そうなら
なかったのには理由がある。「気候変動との戦いの重要性を定期的に思い
出してもらうことが目的」と同社創業者のジェフ・ベゾス氏。同社は
「2040年までの温暖化ガスの排出量ゼロ」という目標を立てる。その目標
をアピールする目的もあるのだろう。

名前だけではなく，実際の運営においても温暖化対策が採られている。
空調などに使う電力は100%再生エネルギーを活用。アイスホッケー用の
リンクは，水を再利用してつくっている。観客の来場時には，公共交通を
無料で利用できるようにして，二酸化炭素（CO_2）の排出を減らしている。

ネーミングライツの契約額は20年間で推定3億ドル（約450億円）と非常
に高額だ。年平均でいうと22億円。日本のスポーツ施設の命名権で一，二
を争うエスコンフィールド北海道（プロ野球日本ハムの本拠地）の数倍に達
する。SDGsを前面に出したことでお金の流れが増えるという，スポーツ
界の新たな流れを象徴する事例と言える。

1.2　取り組みの早かったNBA

世界の主要スポーツリーグでいち早く，社会貢献活動に取り組んできた
のが米プロバスケットボールのNBAである。「NBA Cares」と名付けら
れた一連の取り組みは2005年に始まった。

これまでに子供が遊んだり学習したりできる施設を40カ国で2200カ所以上設置。6000万人以上の青少年にバスケットの体験や，80万人にバスケットをしながら数学を学べる授業を提供したという（NBA「Social Impact Report」）。2030年までに温暖化ガスの排出量を50％減らす目標も立てており，2022-23年シーズンは各チームの航空機での移動距離を11％減らした。

リーグとクラブ，選手が一緒に取り組むことが特徴だ。シーズン中は，特に積極的に活動した選手を毎月表彰する。2020年からは「社会正義連合」（National Basketball Social Justice Coalition）という施策も導入。人種によって裁判の量刑が異なる傾向に対して是正を求めたり，職場や公共の場でのLGBTQ（性的少数者）への差別を禁止する「平等法案」を後押ししたりしている。スポーツ団体が政治的な案件に踏み込むのは珍しい。

1.3 国連の認定を受けたフォレスト・グリーン・ローバーズ

個別のチームでもSDGsに力を入れる例がある。フォレスト・グリーン・ローバーズ（Forest Green Rovers）という，イングランド4部リーグに所属するサッカークラブである。サッカーの競技レベルで言えば，日本のJリーグ1部のチームよりも力は下だろう。しかし，そのユニークな理念で一部によく知られている。

国連が「世界初のカーボンニュートラルなスポーツクラブ」に認定。国際サッカー連盟（FIFA）は「greenest club」と認めた。それだけ先進的な取り組みをしているからだ。

CO_2の排出量の測定は2011年とかなり早い時期から始め，その削減を進めてきた。スタジアムの敷地内に設置した太陽電池などで必要な電力の20％を発電。残りはその他の再生可能電力やカーボンニュートラルガスの供給で賄う。選手の移動には極力，電気自動車（EV）を利用。アウェーの試合ではファン向けのパックツアーを提供する。

2021-22年シーズンの排出量は73トン。ユニホームには木材を使った繊維を利用する。練習着にはコーヒー豆をリサイクルした素材を使ったこともある。スタジアムの飲食は全てがビーガン食だ。練習場の芝も有機飼料

を使用し，ピッチの散水にも雨水を使う。花粉を媒介する蜂などを増やすため，野生の花を育て，ミツバチの巣箱も置く。世界初という，完全木製のスタジアムの建設も計画している。

「エコなクラブ」に転換したことで観客や飲食の販売が大きく伸びた。世界中からスポンサーがつき，各国にファンクラブがある。レプリカユニフォームは24時間で売り切れる。売上高は2009-10年シーズンの約34万英ポンド（約6000万円）から，2022-23年シーズンには835万英ポンド（約16億円）と25倍に増えた。

1.4　専門アドバイザーを雇うニューヨーク・ヤンキース

トップレベルのスポーツチームでも，SDGsや環境問題に力を入れている例は増えている。代表的なものが野球の米大リーグの名門，ニューヨーク・ヤンキースである。

特筆すべき試みとして，「環境サイエンスアドバイザー」の雇用が挙げられる。環境問題の専門家，アレン・ハーシュコウィッツ博士を2019年に採用。2040年までにカーボンゼロを達成するという目標に向けて助言を仰いでいる。

カーボンオフセット（他の組織などの排出削減支援）による削減分を含めると，カーボンゼロは既に達成済みだ。本拠地のヤンキースタジアムでは再生エネルギーによる電力を使うとともに，飲食物の堆肥化でメタンガスの排出を防いでいる。スタジアムの風の通りを良くするように改良したことで，空調を使わなくても涼しい。スタジアム内に菜園をつくり，子供に農業体験の場を提供するとともに，作物はスタジアムの飲食で使う。

こうした取り組みの結果，Green Sports Alliance（スポーツを通じた気候変動を行う非営利団体）から大賞を受賞した。スタジアムの省エネ化で数百万ドルのコストを節約する効果もあったという。ただ，まだカーボンゼロまでの課題は残っている。ハーシュコウィッツ博士は「ファンのCO_2削減が課題」と話す。

2　国内の先進事例を見る

2.1　3つの柱を掲げたBリーグ

　バスケットボール男子のBリーグは「NBA Cares」をモデルに，2017年から「B.LEAGUE Hope」（Bリーグホープ）と名付けた社会貢献を行っている。スポンサーなどのステークホルダーと連携して行うことが特徴で，3つの活動の柱がある。①「子どもと家族支援，インクルージョン，STEAM教育（プログラミング教室など）」，②「（震災などからの）復興支援，街づくり，防災」，③「地球環境循環型社会」の3点だ。

　①では，障害を持つ子どもやその家族を試合に招待する。長期間の療養が必要な子どもをチームの一員として招き，試合運営などで定期的に参加しもらうことで選手らとの触れあいの機会をつくっている。②ではバスケットと防災・減災学習を組み合わせた活動，③では衣類の回収・再生を行っている。

　2024年は沖縄市でのオールスターゲーム開催に併せた活動を実施。離島の経済格差による問題を緩和するため，人工知能（AI）技術を使ったバスケット指導をソフトバンクと組んで行った。沖縄市内の小学生を対象にしたプログラミング教室も富士通と連携して実施している。

2.2　Jリーグの「シャレン！」

　サッカーJリーグは2018年から「シャレン！」（社会連携活動）と銘打ち，社会課題を解決するための様々な活動を行っている。リーグやクラブが地元の人や企業，自治体などと連携し，教育，ダイバーシティ，まちづくり，健康，世代間交流などのテーマに取り組むものだ。シャレン！のウェブサイトでは「Jリーグはシャレン！を通じて，SDGsにも貢献しています」とうたい，これまでの各クラブの活動を紹介している。

　シャレン！を始めた当時のチェアマン，村井満氏は目的をこう説明する。「クラブが年間計2万回以上のホームタウン活動を行う中，活動をこれ以上増やすのには限界があります。そこで近年始めたのが「Jリーグをつか

おう！」。Ｊリーグを手段にするという発想の転換です。学校やNPO，ビジネス関係者がＪリーグに加わって一緒に価値をつくり，地域の持続性を上げられるようかじを切っています」。第三者と協力することで，より効果的な活動をしようという狙いである。

　全クラブの活動の中から，特に社会に共有したい活動を表彰する「シャレン！アウォーズ」も開催している。2022年はいわてグルージャ盛岡がスタジアムのごみを堆肥化し，それを利用してできた米を子ども食堂で使う活動などが選ばれた。2023年はガイナーレ鳥取が育成した芝生を学校の校庭に植え，その上で選手と子供が遊ぶ活動などが受賞している。

2.3　活動が多岐にわたる川崎ブレイブサンダース

　個別のスポーツクラブで，特にSDGsに熱心に取り組んでいるのがＢリーグ１部の川崎ブレイブサンダースである。SDGsの達成に向けた活動を「&ONE」（アンドワン）と名付け，2020年にスタートさせた。

　「&ONE」のホームページでは，「バスケットボールやホームゲームを通じて，すべての人に「健康」と「働きがい」の機会を提供し，川崎をより「住んで幸せな街」にすること，にコミットする」と目的を説明する。

　活動は多岐にわたる。例えば，SDGsの全17の目標を１日で体験できるイベント。バスケットのドリブルをしながら発電を体験できるコーナーや，女性の活躍を支援している社員の試合招待などを行っている。

　不要になった食品を回収するフードバンクは毎試合で実施。経済的にバスケットができない子供を無料で受け入れて，バスケットの用具を支給する。学校，家庭に続く第三の居場所となるバスケステーションも開設した。太陽光発電所の命名権を取得，電力の販売にまで乗り出した。

2.4　楽天ゴールデンイーグルスの「サステナブル日本一」宣言

　国内のプロスポーツチームで圧倒的に規模が大きいのがプロ野球である。2022年に「日本一のサステナブル・スタジアム」を目指すと宣言したのが東北楽天ゴールデンイーグルスである。

事業で使用する電力の全てを，再生可能エネルギー由来のものにしたほか，本拠地の楽天生命パーク宮城など管理運営する施設では，東北地方などで水力発電した電気を利用する。

楽天モバイルパーク宮城ではCO_2の排出量を測定し，省エネや照明のLED化などで排出量の削減に取り組むという。プラスチックの使用量を減らすため，ビールのカップやストロー，スプーン，フォークを環境に配慮した素材のものに切り替えている。

試合中に折れたバットは従来，廃棄していたが，地元・宮城県の特産物である「石巻こけし」へと生まれ変わらせることもしている。車椅子を病院や福祉施設に寄贈するとともに，経済的に恵まれない子どもたちがスポーツをする機会を増やすことも目指すとしている。

2.5 「資本主義の行き詰まり」を考える FC 今治

サッカーＪリーグ２部のFC今治はユニークな取り組みをしている。その拠点となるのが，地元の愛媛県今治市に2023年にできた「今治里山スタジアム」だ。元サッカー日本代表監督でもある岡田武史会長はこのスタジアムを活用して「資本主義の行き詰まりを解消したい」と強調する。[2]

「資本主義が行き詰まっていて，格差が大きな問題になっている」と岡田会長は話す。こうした理念に多くの投資家や金融機関が共感。建設資金40億円は予想以上に早く集まった。

スタジアムの隣接地には大規模な駐車場をつくるのではなく，周囲の山を生かして自然と触れあえる場所にした。福祉事業所も設置。障害によって就業が難しい人たちの支援を行っている。隣接のカフェでは地元の食材を使った飲食を提供する。

「今治のファンクラブの会員になってもらったら，ベーシックインフラとなる衣食住を保証する」とも岡田氏は言う。古着の配布や空き家の改修，フードバンクでファンに「衣食住」を提供する構想もある。

3　スポーツを通じたSDGsの意義

3.1　感情に訴える力

SDGsとの関係を深めているスポーツだが，どういうプロセスでその目標達成に貢献できるのだろうか。

川崎ブレイブサンダースで「&ONE」を立ち上げた当時の元沢伸夫社長はこう指摘している。「SDGsの認知度は国内でも上がっているが，さらに興味まで持ってもらうことが大きな壁になっている。その壁を打ち破ることのできるスポーツは，SDGsと非常に相性がいい」

川崎ブレイブサンダースは2021年，試合の来場者約6000人に対してSDGsに関する意識を調査した。その結果，「クラブの活動をきっかけにSDGsという言葉を知った」という人が22％。「SDGsへの興味・理解が深まった」とする人は27％に達した。「日常でもSDGsを意識するようになった」という人も17％いた（川崎ブレイブサンダースウェブサイト「『&ONE』2020-21シーズンの活動実績報告」）。

SDGsの重要性に対する認識は社会全体で高まっている。しかし，自分からは行動を起こしにくい，何をしていいか分からないというギャップがある。しかし，自分が応援している有名人から「一緒にこういうことをやりましょう」と呼びかけられれば，よりSDGsへの関心が高まるし，実際の行動につながりやすい。特に，スポーツには人々の感情に訴える力があるから，なおさらだ。

ヤンキースの環境問題専門家，アレン・ハーシュコウィッツ博士もこう指摘する。「気候変動のニュースはあまり読まれない。SDGsはまだ知名度が低く，その文面も堅い。では，どうやって人の考えを変えていくのか。スポーツファンの70％以上はチームに気候変動への行動を取ってもらいたいと考えているという調査結果がある」。ファン自身も，スポーツの力に期待しているようだ。

SDGsの実現に関わる政府委員などを歴任した蟹江憲史は，人々がいかにSDGsを「自分事」にするかが大事だと強調する。「様々なレベルで行

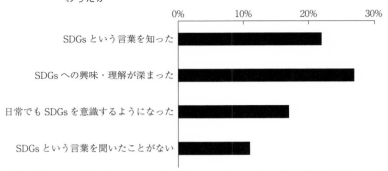

図表 11-1　川崎ブレイブサンダースの活動を通して SDGs への考え方がどう変わったか

出所：川崎ブレイブサンダースのウェブサイト。2020-21年シーズンの試合来場者5977人にアンケートした結果。

動を起こすことで，すべてが始まっていく。その際だいじなことは，型にはめるのではなく，「自分なり」の個性を生かした行動をとることである[3]」。「自分なり」に「行動を起こす」ためにスポーツの持つ力は大きい。

3.2 「スポーツを通じた気候行動枠組み」

そうした力を活用して気候問題に取り組もうというのが，国連の「**スポーツを通じた気候行動枠組み**」（Sports for Climate Action Framework）である。

2018年12月に，国連の気候変動枠組み条約（UNFCCC）事務局がスポーツ界の中心的な団体とともに策定したものだ。スポーツの力を生かし，2030年の温暖化ガス排出量50％削減，2040年の排出量ゼロを目指すことを目標にしている。

「スポーツを通じた気候行動枠組み」は「５つの原則」を定めている。①組織的な取り組みを行う。②気候変動の全般的な影響を削減（温暖化ガス排出量の計測と削減），③気候変動対策のための教育を行う，④持続可能な消費を推進，⑤情報発信を通じ気候変動対策を求める——を原則として打ち出している。

参加団体は温暖化ガスの排出量を測定，削減し，報告することが求めら

れる。「スコープ3」と呼ばれる，サプライチェーンの上流・下流で生じる部分の削減も目標に掲げる。スポーツの場合は，観客の移動に伴う温暖化ガスも減らす必要がある。

この枠組みには国際オリンピック委員会（IOC）や，NBA，ヤンキースやサッカーイングランド1部リーグのアーセナルなど多数の団体が署名。日本からはBリーグ1部の名古屋ダイヤモンドドルフィンズとアルバルク東京，群馬クレインサンダーズが加わっている。

3.3　スポーツの自立を後押し

SDGs は社会のためのみならず，スポーツ界そのものを助けることにもつながる。一部のビッグクラブを除く多くのプロスポーツチームや競技団体は，資金的に苦しいケースが多い。社会に貢献することで，応援してくれる人が増える可能性がある。

林悠太らはJリーグのヴァンフォーレ甲府を対象に調査した結果，プロクラブの環境問題への取り組みがクラブ支援したいという地元の人の意向を高めるとしている。スタジアムで観戦しようという意欲も高まる可能性があるという。ヴァンフォーレ甲府は温暖化ガス排出量を測定するなど，環境問題に積極的に対処しているクラブである。

ファンだけでなく企業に対する訴求力も高められる。川崎ブレイブサンダースが「&ONE」の活動を支援するスポンサーを12社集めているのはその好例だ。

4　「スポーツウオッシュ」

4.1　高まる「ウオッシュ」の懸念

スポーツとSDGs の関わりで忘れてはいけないのが，「スポーツウオッシュ」の懸念である。選手やチーム，大会の好感度を利用することで，何かの大きな問題を隠す行為である。他の分野でも環境問題に取り組むふりをする「グリーンウオッシュ」などの問題は指摘される。しかし，人の感

情を左右するスポーツの場合，「ウオッシュ」の影響力は大きい。特に，近年の国際スポーツ大会でもそうした批判が高まっている。

4.2　サッカーW杯カタール大会の排出量は前回の7倍

その筆頭が2022年のサッカーワールドカップ（W杯）カタール大会だろう。複数の観点から，SDGsの目標とは相いれないと指摘された。

まずは環境問題である。運営を担ったカタールの大会組織委員会は，開催による温暖化ガスの排出量を363万トンと発表した。2018年ロシア大会の7倍となり，過去最悪の排出量となった。一因がハードの整備である。会場となったスタジアム8カ所のうち7カ所が，この大会のために建てられたものだ。カタールは国内リーグの観客数がもともと少ない。国際サッカー連盟（FIFA）の基準を満たす大規模なスタジアムを用意するには，新設するしかない状況だった。

気候の問題もある。開催時期を通常の夏から冬に移しても，カタールの気温は高い。冷房をつけて試合を行ったが，スタジアムに屋根がないため温暖化ガスの排出量が膨らんだ。国内の宿泊施設も足りず，近隣国に宿泊して試合のときに航空機で往復する観客が大量に出たことも増加の要因となった。

組織委やFIFAは，排出した温暖化ガスの全てを排出枠の購入で埋め合わせしたとするが，購入した排出枠には適切な審査をしていないものが含まれているのではないかとの指摘もある。

スタジアムの工事を開幕に間に合わせようとした結果，外国人労働者が多数死亡する悲劇も起きた。犠牲者の数は公式発表で400-500人だが，実数はさらに多い可能性がある。

今後もサッカーW杯は環境問題の観点から問題が多く指摘される。2026年大会は米国，メキシコ，カナダの3カ国開催となったため，観客や選手，関係者の航空機移動が増える。2030年はサウジアラビアでの開催が濃厚となった。要件を満たすスタジアムがほとんどないため，カタール大会のような大規模な建築工事が必要となる可能性が高い。

4.3　東京五輪・パラリンピックにも厳しい目

　2021年に開催された東京五輪・パラリンピックも一部で「スポーツウォッシュ」の批判が出た。

　気候問題に関しては一定の努力はしている。温暖化ガスの排出量は，会場の見直しなどで，当初より9％削減。2016年リオデジャネイロ大会より9％少ない274.8万トンとした。実際には新型コロナウイルス禍により無観客での開催となったため，さらに排出量が減って最終的には196.2万トンとなった。

　大会組織委は東京都，埼玉県の事業所から438万トンの排出枠の提供を受けてカーボンオフセットを実施。差し引きで242万トンの「カーボンマイナスな大会」になったとする（大会組織委員会の「持続可能性大会後報告書」）。

　ただ，環境NGOのレインフォレスト・アクション・ネットワークなどは，東南アジアの森林を伐採して得られた木材を国立競技場などの建設に使ったため，森林破壊を助長したなどと批判する（同団体のホームページ）。

4.4　企業にも批判の目

　「スポーツウォッシュ」は企業も無関係ではいられない。米アマゾン・ドット・コムには気候問題対策の遅れや従業員保護の不徹底という批判があり，「気候変動アリーナへの資金提供も一種のウオッシュではないか」という声もある。

　2022年のサッカーW杯大会は，LGBTQ（性的少数者）に不寛容なカタールでの開催となったため，大会スポンサーに反発の声が上がった。

4.5　スポーツ界にも是正の動き

　高まる批判に，スポーツ界の意識も徐々にだが変わりつつある。特に，大規模な国際大会は具体的な変化が出始めた。

　ラグビーの国際統括団体，ワールドラグビー（WR）は2022年に，斬新な方針を打ち出した。「W杯開催のためだけのスタジアム新設を原則禁止」

というものである（WR「Environmental Sustainability Plan 2030」）。

　従来の大型スポーツイベントは，会場建設などの開発がつきものだった。ラグビーW杯はもともと既存のスタジアムを使うことがほとんどだったが，ここまで踏み込むのは異例だ。

　WRのアラン・ギルピン最高経営責任者（CEO）は「我々の大会がもたらす社会的な影響は非常に重要だ。環境に責任を持てる方法で開催する必要がある。（スタジアム建設などを含む）供給網や，チームや観客らの移動に電気自動車を使うなどしてより持続可能なやり方に変えることが大事だ」と説明する。[5]

　2023年に開かれたW杯フランス大会でも，観客に鉄道移動を促すなどして，温暖化ガスを削減。排出量は大会前の試算では35万トンとなっており，サッカーW杯カタール大会の10分の1以下だった。

　ワールドアスレチックス（世界陸連）も，世界選手権の開催都市の決定方法を変更。候補となる都市を環境問題への取り組みなどにより3段階で評価し，決定することにした。

おわりに（展望）

　SDGsのように包括的で大きな目標は，実際に人の行動をどう変えるかが成功の鍵を握る。その意味で，スポーツへの期待が高まるのは自然な流れだったのかもしれない。

　スポーツにとっても「幸運な出会い」だった。東京五輪を巡る様々な問題などを受け，スポーツが感動を呼ぶ素晴らしいものとは素朴に思われなくなっている。特に大規模な国際大会を見る目は厳しくなっている。

　SDGsに取り組むことを通じて，スポーツ界の人や団体が，これまでのあり方を考え直す機会になりそうだ。今までより社会に貢献できるとなれば，スポーツの存在意義をさらに多くの人に評価してもらえることにもなるだろう。

　同じルールのもとで誰でも参加できる，健康作りに役立つ，地域を活性化させる……。スポーツそのものには，もともとSDGsの理念と共通する

ものが内在していた。それが再認識されるきっかけになることも期待される。

注
(1) 「街のど真ん中にスポーツを　地域に活力生む「切り札」」日経電子版（2019年6月18日）。
(2) 「FC今治，新スタジアムで40億円調達　岡田会長の未来図」日経電子版（2021年12月8日）。
(3) 蟹江憲史（2020）『SDGs（持続可能な開発目標）』中央公論新社，pp. 235-236。
(4) 林悠太・船橋弘晃・真野義之（2022）「プロスポーツクラブにおける持続可能な環境への取り組み：消費者の近くと意図的ロイヤルティの関係性」『スポーツ産業学研究』第32巻第3号。
(5) 「スポーツ協賛の効果は？　商品認知度向上，満足は18％」日経電子版（2020年3月7日）。

<table>
<tr><td>第12章</td><td># ESG 投資とは何だろう</td></tr>
</table>

| 第12章 | ESG 投資とは何だろう |

第12章　ESG 投資とは何だろう

毛利靖子

──────── 要　旨 ────────

1. ESG 投資は投資判断をする際に，環境（Environment）や従業員，地域社会（Social），企業統治（Governance）の要素を組み込み，長期投資に値する「良い会社」を探すツールだ。大型台風による災害の増加で，人間の経済活動が地球の限界を超えていることを誰もが実感するようになった。リーマン・ショックや，新型コロナウイルスの感染拡大で，命の不平等や経済格差の拡大があらわになり，資本主義に対する信頼が揺らいでいる。こうした危機感を背景にESG 投資はまず欧州で発達し，近年は日本でも広がっている。対象も株式から債券，融資，不動産などに拡大した。
2. ESG 投資の主役は生活者，個人だ。買い物，取引する金融機関をどこにするかといった毎日の選択が，気候変動対策などを後押しする原動力になる。
3. ESG の各要素について企業や金融機関がどんな対応をしているか。主要国のルール改正で，売上高，利益といった財務指標以外の「非財務情報」の開示が拡大する。個人でも大量の情報にアクセスできるようになる。重要なのは量より質。経営者が自分の言葉で，実態を「盛らずに」語っているか。本質を見分けよう。眼力を鍛えれば，就活にも役立つ。

▶key words：ESG（環境・社会・企業統治）投資，SDGs（持続可能な開発目標），受託者責任，気候変動，非財務情報

はじめに

　就活生向け企業説明会では近年，ESG 課題への対応状況についての説明に多くの時間が配分されている。日本ではほんの十数年前まで ESG 投資懐疑論が幅をきかせていただけに，隔世の感がある。本章では **ESG 投資**に関する初歩的な情報の読み解き方を考える。まず，発達の経緯をおさらいしたうえで，生活者との関係を確認する。次に最近の注目テーマと企業活動の関係，開示制度を含むインフラ整備の現状と見通しを整理する。最後に，大学生から寄せられたいくつかの質問に答えてみたい。

1　ESG 投資とは

　企業が ESG で表される多様なステークホルダーと信頼関係を築いた経営を求められるようになったのは，その方が，長期的にみれば利益が伸び成長し続けることが数々の実証研究で確認されているからだ。[1] Eとは例えば，事業活動で排出する温暖化ガスを削減し，森林破壊に加担する方法で生産された原材料の使用を避けること，Sは従業員や取引先の人権，地域社会に対する配慮，Gは株主や規制当局と良好な関係を保つこと——などが考えられる。

　特に年金資産の運用期間は長い。働く人々がリタイアした時に確実に年金が受け取れるようにお金を増やしておく必要がある。事業環境の変化に機敏に適応し，長期にわたって繁栄し続ける会社の株式でないと，購入できない。だから個人に代わって資金を運用する機関投資家は，売上高や利益に代表される財務情報に加え，ESG 要因の実践状況を示す**非財務情報**も慎重に調べて投資先を選ぶ必要がある。投資家はお金を託された人（個人や年金基金など）のために行動しなければならず（忠実義務），専門家として慎重かつ注意深く行動しなければならない（善管注意義務）という**受託者責任**を負う。環境や社会に配慮した投資は，この受託者責任に反しないとされている。[2][3]

　ESG 投資の広がりは，資本主義の流儀の変化を象徴している。かつては「環境・社会に配慮すると利益が減る」とされていた。これは古い時代の考え方だ。例えば製品価格を安く抑えるために工場排水の浄化費を節約した結果，河川や海洋の汚染を引き起こして生態系が破壊され，周辺住民が病気になってしまった場合を考えてみよう。会社は信用を失い，業績は悪化，株価は下落，規制当局から処分を受け，倒産するかもしれない。投資先としては不適切だ。これに対し，現在主流になったのは「環境・社会に配慮すると利益が増える」という考え方だ。エネルギー分野などでの技術革新も支えになっている。

　2023年11月公表の最新統計によると，世界全体の ESG 投資額（2022年）

図表 12-1　ESG 投資と SDGs の比較

ESG 投資		SDGs
2006年	発足	2015年
投資家，金融機関，企業	対象	世界中のすべて
国連事務総長の呼びかけに投資家がこたえた	提唱者	国連
なし	期限	2030年
評価機関や投資家が点検項目を設定	評価	国連が指定した定量指標を国単位で点検
気候変動や人権などを経営リスクと考える	価値観	人類の豊かさのために気候変動対策や人権尊重

注：国連資料などをもとに作成。

は30.3兆米ドル（約4500兆円），世界全体の投資に占める比率は24.4％[4]。日本の経済規模の7倍という大きな市場で，日本では運用資産の3分の1程度を占める。統計は世界各地域の ESG 投資団体の報告を集計するかたちで2年に1度公表されている。ただ，直前の公表分（2020年分）の数値とは比較が難しくなった。ESG 投資に対する世間の関心の高まりに便乗し「名称では ESG をうたっているものの，実際には無関係」な投資商品を規制する目的で，主要国の当局が定義を厳格に見直した影響を受けた。

　似たような言葉で**持続可能な開発目標**（SDGs）もあるが，ESG とどう違うのか。おおまかに言って，両者が目指す世界は同じだ。ESG 投資は SDGs を達成するためのツールとの位置づけだ。

　ESG 投資はどのように生まれ，発達してきたのだろうか。

　源流は公害などを引き起こした企業の責任を問う欧米での市民運動にさかのぼる。1990年代には関連の金融商品が登場した。主要国のうち ESG 投資の促進策をいち早く打ち出したのが英国だ。2000年施行の改正年金法は，年金基金に対し，環境や社会等に配慮した投資方針の公表を求めた。同法の影響で大陸欧州各国も同様の法改正に踏み切った。

　ESG 投資という呼称が社会に広まるきっかけとなったのが，2006年にコフィー・アナン国連事務総長（当時）のリーダーシップのもとに策定・公表された責任投資原則（Principles for Responsible Investment：PRI）だ。

PRIはESGの要素を投資の分析と意思決定に組み込むことや，株主としての方針と活動にESGの要素を組み込むことを掲げた。投資家はPRIへの賛同・署名を通じ，ESG投資に取り組むと誓約した。以後，PRIの原則にのっとった投資をESG投資と呼ぶようになった。

　日本での知名度が向上したきっかけは年金積立金管理運用独立行政法人（GPIF）が2015年にPRIに署名したことだ。GPIFは日本の国民年金と厚生年金の積立金（旧共済年金部分を除く）の資産運用を担う，世界最大級の年金基金だ。GPIFから資産運用の受託を目指す国内の機関投資家も相次いでPRIに署名し，日本でもESGに光が当たるようになった。2018年には欧州連合（EU）がサステナブル金融アクションプランを採択し，これでESG投資を政策的に進める流れが強まった。

　大学生であれば，株式投資は未経験という人もいるだろう。だが，日本では20歳になれば国民年金に加入する。払い込んだ国民年金保険料は，GPIFから資産運用を受託した機関投資家が株式や債券で運用する。大学生も意識しないうちにESG投資の資金の出し手になるのだ。

　2023年秋，東京でPRIの年次総会が開かれた。会議に出席した岸田文雄首相は「7つの主要な公的年金基金がPRIに署名する」と発言した。関係者によると，「7つ」には国家公務員共済や地方公務員共済，警察共済，私学事業団などが含まれているという。これらのなかには，すでにESG投資を始めているところもあるが，首相の発言もあり，公的資金の運用では今後一層ESG投資の普及が進む可能性が高い。

2　個人が主役，「インフルエンサー」はあなた

　買い物でどんな商品を選び，どんな仕事につき，どんな金融機関と付き合うか。お金にまつわる普段の行動・選択は，投票と同じことだ。生活者の日々の選択はESG投資に適した企業を育て，応援することにつながる。企業は売れない商品はつくれない。たくさんの人が良いと思って買えば，もっと作る。会社や社会はこうやって変わっていく。大学生を含めた生活

	2022年末	構成比（％）	前年比（％）
個人金融資産（兆円）	2,023	100.0	0.4
現金・預金	1,116	55.2	2.1
債務証券	26	1.3	▲ 1.1
投資信託	86	4.3	▲ 5.6
株式等	199	9.9	▲ 5.1
保険・年金など	536	26.5	▲ 0.1
その他	59	2.9	4.1

出所：日本銀行「資金循環統計（速報）」。

者1人1人がインフルエンサーなのだ。

　日本の家計が保有する金融資産のうち，株式の比率は低い。高いのは，預金や保険・年金の比率だ。個人が預金や保険・年金として託したお金は銀行や保険会社やアセットマネジメント会社（＝機関投資家）が融資に回したり，株式・債券投資に充てたりする。

　銀行や機関投資家は，融資先や投資先企業に対し，ESG の各要素について，きちんと実践しているかどうかをチェックし，個人から託されたお金の振り向け先を決める。不十分な場合は対話を通じて実践を働きかけ，解決策を一緒に考える。専門用語ではエンゲージメントと言う。事業資金の提供を受ける銀行や投資家からの指摘を，企業経営者は無視できない。日本や海外で手広く事業を営む大きな会社は，証券取引所に上場している。投資家からの指摘を無視すれば，株式を手放され，株価が下落してしまう。付き合う金融機関は，エンゲージメントに熱心に取り組んでいるか。そんな視点で個人が金融機関を選んでいくことも，世の中を変える力の源になる。

3　注目のテーマ

3.1　気候変動，「つながり」が世界を変える

　本節では ESG 項目のうち，気候変動，人権，森林破壊，プラスチック

について最近の話題と企業の取り組みを見分ける際のポイントを確認する。一社単独，または国単位では解決が難しい地球規模の課題ばかりだ。こうした大きな壁に立ち向かう目的で，機関投資家がグローバルな連合体を結成したり，有力企業が取引先に対応を要請したりする事例が増えている。個人とは違うタイプのインフルエンサーが「つながり」を活用して世界を変えようとしているのだ。

　誰がどの会社にプレッシャーをかけているのか。気候変動問題をウオッチするなら，少なくとも2つの代表的な「つながり」に注目したい。

　1つ目はGlasgow Financial Alliance for Net Zero（GFANZ）。頭文字をつなげてジーファンズと読む。英国のグラスゴーで開催された第26回気候変動枠組条約締約国会議（COP 26）に先だって2021年に発足した。大手金融機関の立場から投融資先の企業に脱炭素を積極的に働きかけることを掲げたグローバルな連合体だ。日本からは三菱UFJフィナンシャル・グループや日本生命保険，三井住友トラスト・ホールディングス，野村ホールディングスなどが加盟している。

　もう1つはClimate Action 100＋という約700の機関投資家が2017年12月に設立したイニシアチブで，メンバーの運用資産の合計は68兆米ドルにのぼる。温暖化ガス排出量が多い世界の170社をリストアップし，株主の立場から気候変動に関する情報開示の強化を求めてきた。リストのうち，2024年1月時点では，日本企業は11社（トヨタ自動車，日産自動車，ホンダ，スズキ，日本製鉄，ENEOSホールディングス，日立製作所，パナソニックホールディングス，東レ，ダイキン工業，三菱重工業）が含まれる。

　アップルなどのグローバル企業も「つながり」を利用して脱炭素を進める。温暖化ガスの排出で「スコープ3」という用語を聞いたことはあるだろうか。これは自社で出る以外の分，原材料の仕入れ，販売した製品の使用・廃棄段階での温暖化ガス排出を指す。アップルは2020年7月，「2030年までにサプライチェーン全体で，つまりスコープ3を含めて温暖化ガス排出量を実質ゼロ（カーボンニュートラル）にする」と宣言した。[5]アップルと取引を続けたいのなら，部品メーカーは2030年までに工場などを再生

可能エネルギーで操業する体制に切り替える必要がある。世界で250社以上，日本企業ではロームや NISSHA など34社が再生可能エネルギーへの切り替えを実行中で，アップルはそのための支援もしている。

　「つながり」を構成する人々はどこをチェックしているのだろうか。たいていの場合，企業に目標を設定してもらい，進捗状況を確認しながら，「もっと対応を急いで欲しい」と背中を押し，「こんな解決策もあるよ」と提案する。目標は各社の有価証券報告書やサステナビリティー報告書，統合報告書などに書いてあり，インターネットで閲覧できる。気になる会社について調べてみよう。

　目標は何でもよい訳ではない。①科学的根拠に基づいているか②達成期限（例えば2025年までにとか）や具体的な数値（＝定量目標）を明示しているか③進捗状況を定期的に説明しているか④目標の立て方やそれを達成するための手段・実績について，その会社と利害関係のないプロの第三者のチェックを受けているか──などを確認することも重要だ。

　①の科学的根拠とは，例えば気候変動対策では，企業はどれだけの温暖化ガスをいつまでに削減するかという計画をたて，その目標が Science Based Targets イニシアチブ（SBTi，科学的根拠に基づく削減目標設定イニシアチブ）の認定を受けているかどうかが，姿勢を見分ける目安になる。SBTi はパリ協定に沿った目標策定のグローバル・スタンダードだからだ。日本企業では2015年10月にソニーが初めて認定を取得した。

3.2　脱炭素，宣言から実行へ

　2023年の夏は過酷という言葉がぴったりだった。実際，2024年1月に入ると，それを裏付ける観測結果が続々と発表された。例えば，欧州連合（EU）の気象情報機関，コペルニクス気候変動サービスによると，2023年の世界平均気温は14.98度と，記録が残る1850年以降で最高だったという[6]。各国は2015年の「パリ協定」で世界の平均気温の上昇を産業革命前に比べて1.5度以内に抑えるよう努力することを目標に掲げたが，2023年の平均気温は産業革命前に比べて1.48度高かった。

実は2022年秋〜23年春，科学者や国連の専門家グループは警告を発していた。⁽⁷⁾⁽⁸⁾各国が掲げる温暖化ガス削減計画ではパリ協定の目標達成には到底足りないという。平均気温は早々に1.5度を超えて上昇する恐れが大きく，生命や事業活動の脅威になってしまう。温暖化ガス排出量を自社の努力で削減できない量について，緩い手段の金融商品などで削減の代替とする手法を制限するよう呼びかけた。企業は脱炭素計画をバージョンアップする必要に迫られている。

時代は脱炭素の実行を約束する段階から，行動で示す段階に移った。機関投資家もさっそく行動を起こしている。3.1で述べた「つながり」のうち，Climate Action100＋によると，温暖化ガス排出量が多くエンゲージメント対象の170社のうち，75％は脱炭素目標を掲げているものの，多くの会社が適切な移行戦略を決めていない。今後は科学的根拠に基づいた移行計画の策定や着実な実施，進捗状況の監視などに重点を置いて働きかけを続けるようだ。

このような状況下で，今後，企業は脱炭素に向けた「移行計画」の開示を求められそうだ。英国では今後，上場企業に開示を義務付けることが決まっている。

日本企業の取り組みでヒントになりそうなのが，オムロンだ。同社は中期経営計画のなかに脱炭素戦略を盛り込み，事実上の「移行計画」を公表⁽⁹⁾している。同社はSBTiに沿って2024年度までに自社から排出する温暖化ガスを53％減らす目標を掲げている。この目標を達成するには国内に76カ所ある，すべての工場やオフィスで使う電力を再生可能エネルギーに切り替える必要があると説明した。2023年3月開催のESG説明会でのプレゼンによると，2022年度時点では切り替え済みの拠点が計画を1カ所上回った。設備投資では前回の中計の約5倍となる200億円を脱炭素に投資する。中期計画に盛り込むことで経営陣が脱炭素に責任を持って取り組み，社内で予算がつくことで従業員にとっても「わが事」となる。具体性を伴う移行計画の開示は，脱炭素に必要な資金調達の争奪戦で有利に働く可能性がある。

3.3　人権

　人権問題は1997年，スポーツ用品で有名なナイキに対する不買運動で一躍注目を集めた。ナイキが靴の製造を委託するインドネシアやベトナムの工場で，劣悪な環境での長時間・低賃金・強制労働が横行し，子どもを働かせていることが明るみに出たことで，欧米でナイキの売上高が急減した。2013年にはバングラデシュの首都，ダッカの近郊で商業ビル「ラナプラザ」が倒壊した。このビルには欧米の大手アパレル産業に製品を提供する縫製工場が入居しており，亡くなった方の多くが工場の従業員だった。おしゃれな服は，このような人々の犠牲のもとに，手元に届くことが広く知られるようになり，アパレルメーカーも批判にさらされた。

　生産コストを抑える，言い換えれば，給料が安い下請け先や国でモノを生産する戦略は，日本を含め，世界中の会社が採用してきた。ただし，そこの従業員が危険な現場で働かされていたり，タダ同然でこき使われていたり，子どもだったりしたら？　こうした理不尽をなくそうと，国際機関や国が動き始めた。

　欧米ではここ数年，企業による人権侵害を防ぐための法律が次々に成立し，施行されている。起点となったのは，2011年に国連で採択された「ビジネスと人権に関する指導原則」だ。企業には人権尊重の責任があることを明確にした。欧州では欧州連合（EU）理事会と欧州議会が2023年12月に「企業サステナビリティデューデリジェンス指令（CSDDD）案」の内容で暫定合意した⁽¹⁰⁾。CSDDD が正式に成立する日が近づいている。同指令は自社と取引先に潜む人権侵害リスクを把握し，適切な予防策や救済措置を講じる人権デューデリジェンスを義務づける。法律による義務付けでは，日本は出遅れている。2022年になって，経済産業省が「責任あるサプライチェーン等における人権尊重のためのガイドライン」を策定した，という段階だ。多くの企業はグローバル経済の枠組み内で活動している。日本に法律がないから対応しないでは，済まされない。対応が不十分なら市場での競争力や取引機会を失いかねない。

　ユニクロを展開するファーストリテイリングは紡績工場や縫製工場だけ

でなく，最上流の原材料の調達までの生産履歴を追跡・管理する仕組みを構築した。まず使用量が多い綿素材の調達から着手し，今後はカシミヤやウールなどの他の素材についても，農場や牧場などを指定して生産履歴の透明性を高めて商品の品質を向上させる。衣服の原材料調達まで管理する取り組みは日本のアパレル大手では初めてだ[11]。同社は日本のアパレル企業のなかでは相対的に早く人権問題に取り組んできた。ところが，中国・新疆（しんきょう）ウイグル自治区の強制労働問題に関連し，ユニクロの綿のシャツが，「強制労働と無関係だ」との証明が不十分とされ，2021年に米国から輸入を差し止められた経緯がある。以後，専任チームを結成して各地の工場や原材料を確かめて歩き，対応を強化してきた。

3.4　誰が森林を破壊しているのか

　自然林は温暖化ガスを吸収する役割を担っている。ところが，農地の開発に加え，地球温暖化の進行による大規模な山火事で面積が減少し，それが温暖化をさらに悪化させている。事業活動が森林破壊に関与したり手助けしたりしていないか。企業の信用を左右するような課題となってきた。

　誰が森林を破壊しているのか。主な要因は食料，とくに牛肉の増産だ。牛は大量の大豆やトウモロコシを食べて育ち，やがて，食肉となって私たちの食卓に届く。新興国の人口が増え，生活水準の向上に従って１人あたりの肉や卵の消費量も右肩上がりだ。この状況は当面続くとみられる。この結果起こっているのが，もっとたくさんの肉をつくるために森の木を切り倒して牧場や牧草地，飼料を育てる大豆畑などに替える動きだ。この結果，地球全体でみれば温暖化ガスの吸収力が弱まり，温暖化の一因になっていると科学者が警告している。

　温暖化を加速させず，食料を増産するための持続可能な方法はないのか。世界で共有されているルールは，森林破壊ゼロ・泥炭地開発ゼロ・搾取ゼロ（No Deforestation, No Peat and No Exploitation＝NDPE）と呼ばれる。

　泥炭地は枯れた植物が土壌微生物による分解を受けずに，有機物のかたまりとして堆積した土地のことで地球の陸地面積の３％程度を占める。日

本では北海道を思い浮かべてしまうが，東南アジアでは熱帯林に近接して広がっている地域があり，そこには世界中の森林を合わせたよりも多くの炭素が蓄えられている。泥炭は空気に触れるだけでも今まで水中で蓄えられていた大量の温暖化ガスを放出する。ましてや，燃やすことになれば，さらに多くの温暖化ガスが大気中に放出されることになる。

　NDPE ルールが生まれるきっかけになったのは，2010年に，国際 NGO のグリーンピースが製作・公開した動画だ。動画のなかでグリーンピースは，食品大手のネスレに対し，インドネシアの熱帯雨林を破壊して生産されたパーム油を買わないように訴えた。ネスレはチョコレート菓子の原料となるパーム油を，森林伐採に関与していた企業から購入しており，熱帯雨林にすむオランウータンを脅かしていることと同じだという内容だった。ネスレは対応を迫られ，森林保全は企業の責任という考え方が広まった。

3.5　森林破壊＋人権＝パーム油

　森林破壊と人権侵害が複合して起こっているのがパーム油問題だ。

　パーム油はアブラヤシの実からとれる植物性油脂だ。チョコレートやクッキーのほか，即席麺・ポテトチップスを揚げる油に使われている。種からは洗剤などの原料がとれる。加工しやすく値段も安いので，世界中で需要が伸びている。主産地はインドネシアとマレーシアで，現地ではパーム油を増産するために熱帯林を伐採して切り開き，農園をつくってきた。図表12-3にあるように，米国の NGO の世界資源研究所によると，天然林を伐採した後の土地の多くは，牛を育てるための牧草地に転用されている。次に多いのが，アブラヤシのプランテーション開発だ。アブラヤシ農園は天然の熱帯林ほど温室効果ガスを吸収できない。

　アブラヤシの果実は1つ4cmほどと，手のひらに載るサイズなのだが，これが300個以上ついた果房の状態で収穫される。果房は20～40kgともいわれ，結構な重労働だ。農園では，立場の弱い出稼ぎ労働者からパスポートを取り上げて安い賃金で働かせ，約束した金額の賃金を払わないこともあるという。零細農家では子どもも重要な働き手。学校に行かせずに働

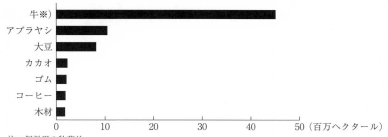

図表 12-3　森林伐採後の土地転用先（2001〜2015年）

注：飼料用の牧草地。
出所：世界資源研究所（World Resources Institute.）

かせたりすることもあり，人権団体が問題視してきた。

　そこで，専門家とパーム油の生産者，加工業者，商社，小売り，機関投資家，銀行，非政府組織（NGO）などが共同で，無軌道な森林伐採を防ぎつつ，パーム油を持続可能な方法で生産・流通させ，消費者の元に届けるために RSPO（Roundtable on Sustainable Palm Oil，持続可能なパーム油のための円卓会議）を立ち上げ，認証制度をつくった。認証を得たアブラを使った商品のパッケージには，ヤシの木のマークをつけることができる。

　花王はパーム油を大量に使っており，ここ数年，矢継ぎ早に対策を打っている。2022年にはパーム油の取引先に NDPE 方針に基づく経営を義務づけた。産地で働く人が労務問題で困ったら，母国語で花王に知らせる仕組みもつくった。

　花王が頑張っている背景に誰がいるのか。

　国内の機関投資家のなかでパーム油問題に早期に取り組んできたのが，りそなアセットマネジメントだ。同社は2017年 8 月からパーム油のサプライチェーンに関連する投資先企業と対話を開始し，RSPO 認証油への切り替えや，持続可能なパーム油調達方針の策定・開示などを要請してきた。2022年度の対象企業は食品・消費財メーカー，商社，小売りなど63社。対話の進捗状況は社名を伏せたうえで，開示している[12]。日本企業は欧米に比べてパーム油問題への対応が遅れている。63社のうち調達方針の開示は 6割，3.4で言及した NDPE を調達方針に盛り込んでいる会社は11社にとど

まる。これからも粘り強く働きかけを続ける方針だ。

　こうして書いてくると，ESG への対応は企業経営の制約だ，との印象を持つ読者もいるかもしれない。だが，いったん立ち止まって考えてみてほしい。むしろ早く対応すれば競争力になる。

　花王がパーム油対策でお手本にしたのは不二製油グループ本社だ。不二製油は食品会社向け原料販売が主力なので，一般消費者の間では知名度は高いとはいえないが，アイスクリームのパルムのチョコレートコーティングといえば，ピンと来るかもしれない。あの独特の食感は，パーム油を含む油脂技術開発の成果だ。

　第 2 次世界大戦後に創業し，国内の食用油メーカーとしては後発だったので，海外市場の開拓に力を注いできた。パーム油対策にいち早く取り組めたのは，欧州の取引先から指摘されたのがきっかけという。同社の持続可能なパーム油調達方針はウェブサイトで公開されている。[13] 当初は外部から厳しい指摘を受けたこともあったようだが，いち早く取り組み，業務用チョコレートで世界大手の地位を築いた。

　不二製油はもう 1 つの事業の柱である大豆事業に食用油の加工技術を組み合わせ，大豆ミート国内最大手でもあるほか，植物原料を活用した代替たんぱく市場でも成長機会をつかんでいる。温暖化対策という観点でみれば，食肉，とくに牛肉の環境負荷は大きい。[14] もし不二製油がパーム油問題でつまずいていたら，コクのあるラーメンの出汁や豆乳クリームなど，温暖化ガス排出量を抑えた植物性食品への取り組みが遅れた可能性もある。

3.6　プラスチック

　新型コロナウイルスの感染拡大で必需品になった不織布マスクはプラスチックから作られていることをご存じだろうか。プラスチックは安くて便利で，ペットボトルやお菓子のパッケージ，家電製品，日用品，服など，生活のあらゆる場面で使われている。ただ，原料は石油で，生産時に大量の温暖化ガスを排出する。海洋や大気中に流出した小さなかけらが，国境を越えて広範囲に移動し，有害物質の「運び屋」になっていることも分か

ってきた。そこで国連はプラスチックの生産・使用・廃棄に至るライフサイクル全体で管理し，法的拘束力のある国際条約を2024年末をメドに策定する準備を進めている。プラスチックは軽くて丈夫，加工もしやすいため広く普及してきた。医療従事者を感染症から守るガウンなどで大いに役立ってもきた。ただ，使い捨てを規制するなど，何らかのルールが導入される可能性は高い。

この原稿を執筆中の2024年1月，ファミリーマートが1月下旬から全国の直営店100店で，店頭でプラスチック製のスプーン・フォーク・ストローを提供する際には有料に切り替えると発表した。[15]プラスチックと賢く付き合う方法について，企業と生活者が一緒に考える時期にきている。

4　インフラ整備続々

企業の ESG の各項目などに関する情報，決算書の利益などに表れない「非財務情報」を，対外的にどのように説明していくか。2023年の6月は重要な節目となった。ISSB（国際サステナビリティ基準審議会）という団体が6月に，世界共通ルール第1弾を公表した。2024年以降に，各国に新しい物差しの適用を求めている。2023年6月下旬からの公表分では，上場企業の有価証券報告書にも新しいコーナーができ，自社にとって重要だと思う項目についての説明を始めた。今までは，各社が任意でレポートを発行し，名前もバラバラだった。これを，有価証券報告書に書くことに決まったのは，とても重要なことだ。なぜなら，有価証券報告書は法律に基づいてつくられる書類なので，一定の基準に従い，正確であることが求められるからだ。決算書と違って，今のところ，記載内容については会計士のチェックを受けなくてもよいことになっているが，将来は，専門家による「保証」をつけることを，金融庁は検討しているようだ。

では，どんなことを，企業は書き込んだのか。会社の個性が出た。2023年3月期の有価証券報告書でスコープ3を含めた温暖化ガス排出量の実績値と目標を開示した企業は少数派だった。自分の言葉で語っているのか。

就活生にとっては，会社研究のヒント，私たちジャーナリストにとっても，会社を詳しく調べ分析する際の手掛かりになりそうだ。有価証券報告書は各社のウェブサイトのIR情報のコーナーに載っており，ダウンロードできる。金融庁のEDINETというサイトでも検索可能だ。気になる会社があれば，読んでみよう。

金融庁は今後，国際ルールと日本のルールが矛盾しないように，物差しの整備を進める方針だ。方向としては，開示を充実させていくので，今後，チェックできる情報の範囲や量は増えていきそうだ。

このほかにも，ESGと名の付く投資信託の定義をどうするか，ESG格付けに関するルールなど，整備が必要なインフラは，まだ沢山ある。見せかけだけの「なんちゃって」ESGを防ぐための知恵と工夫が問われる。

おわりに（展望）

ロシアのウクライナ侵攻に伴うエネルギー価格等の変動や，米国で反ESGの機運が盛り上がっていることを受け，「ESG投資は行き詰まっているのではないか」と質問されることがある。この問いについて，2つのことを話したい。

まず，短期の価格変動と長期は分けて考える必要があるのではないか。ESG投資はもとはといえば，運用機関が長期にわたる資金運用にも向くような，成長が長続きする会社の条件を探すことから始まった。非財務要素を投資判断に組み込むと成績にプラスの影響が出ることは実証研究で確認されている。別角度で三菱UFJ信託銀行などもデータを使った検証をしており，経営に逆風が吹いた時の価格下落が限定的で，ESG課題に取り組む会社は打たれ強いとの結果を得ている。

米国の反ESG運動は現在，共和党の勢力が強い州で起きている。それによる混乱は確かに起こってはいるが，米国ではもともと，政権交代の度に，受託者責任の在り方や範囲について政策が揺れてきた経緯がある。米国特有の振り子の振れ幅に注意を払いたい。同時に，原点に立ち返って，長期間価値を生み，働く人々のリタイア後の生活を支えられるような事業

の在り方，会社経営について検証するチャンスと考えている。

専門家でなくても読めばすっと分かるような良質な情報開示，ESG 格付けの在り方など，インフラ整備の課題は山積している。ESG 投資はまだ完成形ではない。これからも多くの人々の尽力により，改善を重ねていく見通しだ，

気候変動の脅威が身近に迫るなか，お金の流れを変え命や経済を守るための挑戦を続ける人々にこれからも会いに行こうと思う。

注

(1)　Gordon L Clark, Andreas Feiner, Michael Viehs (2015) *From the stockholder to the stakeholder How Sustainability Can Drive Financial Outperformance, Updated Version.*

(2)　Freshfields Bruckhaus Deringer (2005) *A legal framework for the integration of environmental, social and governance issues into institutional investment.*

(3)　UNEP FI, UN PRI (2010) *Universal Ownership — Why environmental externalities matter to institutional investors.*

(4)　Global Sustainable Investment Alliance (2023) *Global Sustainable Investment Review 2022.*

(5)　Apple (2020) *Apple commits to be 100 percent carbon neutral for its supply chain and products by 2030.*

(6)　The Copernicus Climate Change Service (2024) *2023 is the hottest year on record, with global temperatures close to the 1.5℃ limit.*

(7)　Intergovernmental Panel on Climate Change (2023) *AR6 Synthesis Report: Climate Change 2023.*

(8)　United Nations (2022) *Integrity Matters: Net Zero Commitments by Businesses, Financial Institutions, Cities and Regions.*

(9)　オムロン (2023) ESG 説明会 (https://www.omron.com/jp/ja/ir/irlib/osgs. html) (最終閲覧日2024年 1 月19日)。

(10)　European Council (2023) *Corporate sustainability due diligence: Council and Parliament strike deal to protect environment and human rights* (https://www. consilium. europa. eu/en/press/press-releases/2023/12/14/corporate-sustain ability-due-diligence-council-and-parliament-strike-deal-to-protect-environ ment-and-human-rights/) (最終閲覧日2024年 1 月19日).

(11)　『日本経済新聞』2023年11月 8 日付 (朝刊)。

⑿　りそなアセットマネジメント「サステナビリティーレポート2022／2023」。

⒀　不二製油グループ本社　パーム油のサステナブル調達（https://www.fujioil
holdings.com/sustainability/palm_oil/）（最終閲覧日2024年1月19日）。

⒁　The Food and Agriculture Organization（FAO）（2023）. *Pathways towards lower emissions.*

⒂　ファミリーマートニュースリリース（https://www.family.co.jp/company/
news_releases/2024/20240119_02.html）（最終閲覧日2024年1月19日）。

〈さらに学びたい人のために〉

・小西雅子（2021）『地球温暖化を解決したい—エネルギーをどう選ぶ？』
岩波書店

信頼できる情報を発信している機関のウェブサイトや図を掲載し，エネルギーについて基本的な内容を学びたい人に寄り添った構成になっている。

・金融庁（2023）『サステナブルファイナンス有識者会議　第三次報告書』
ESG 投資を含むサステナブルファイナンスの現在地と今後の見通しについて簡潔にまとめられている。

<table>
<tr><td>第13章</td><td>グローカル時代の地方とまちづくり</td></tr>
</table>

第13章	グローカル時代の地方とまちづくり

浅山章

──────── 要　旨 ────────

1. 分断の時代と言われ世界で様々な問題が生じている。日本では少子化・高齢化という社会課題を前に，都市と地方を巡る問題がクローズアップされている。課題は複雑で多面的な見方が求められる。

2. かつては成長の果実を全国に広げるため道路や鉄道といったインフラ整備を進めた。今もその動きは続くが，財源不足や人口減，既存施設の老朽化などで見直しを迫られている。そうしたなかで，地域資源の活用や公民連携など様々な持続可能なまちづくりの動きが広がっている。

3. 持続可能な地域を考える方法のひとつがSDGs（持続可能な開発目標）だ。地域専門誌『日経グローカル』が経済・社会・環境の3分野を分析した調査結果から，SDGs実現に向けた自治体の役割を探る。

4. 持続可能な地域を考える際，誰がその担い手になるのか。行政任せではない地域づくりに向け，「自治会・町内会」を通じて住民参加に向けた「本音と建前」を考える。

5. 少子化・高齢化に対し若い世代を増やす取り組みが各地で続く。子育て支援策で移住者が集まる街がある一方，根本的な問題解決は一筋縄ではいかない現実がある。

▶key words：都市と地方，公民連携のまちづくり，自治体とSDGs，住民参加，不都合な真実

はじめに

　2024年は地方創生が始まって10年といわれる。高度経済成長期以降，都市と地方の格差は常に課題であった。様々な取り組みがなされてきたが，都市への人口集中の流れは大きくは変わらなかった。そうしたなか，民間団体が「消滅可能性都市ランキング」を公表し社会に衝撃を与え，「まち・ひと・しごと創生法」ができたのが2014年だった。以来，多額の予算が計上され，地方創生を合言葉に，官民が様々な取り組みを始めている。

それでも，2023年末に公表された地域別の将来推計人口では，2050年の人口は11県が2020年比で3割以上減るという結果が出た。

　コロナ禍を経て在宅勤務が広がり，地方移住のハードルは下がったはずだが流れは変わらない。世界に目を転じると出生率低下・人口減少・高齢化は多くの国で起こっている。見方を変えると，世界に先駆けて高齢化が進む課題先進国・日本の取り組みは，SDGsが目指す「持続可能な世界」のモデルにもなりうる。世界（グローバル）を視野に地域（ローカル）を考え行動する「グローカル時代」に地域・地方は最先端の分野だ。

1　多様な意見，多様な見方　地域を考える場合のポイント

1.1　都市と地方を分断する風潮

　テレビで地域・地方を取り上げる番組は定番の1つだ。「ポツンと一軒家」や「秘密のケンミンSHOW」といった人気番組があり，ご当地の風習や人とのふれあいなどが紹介される。かつてテレビは東京のファッションや風俗を発信し，地方の若者は憧れを募らせた。今もそうした側面はあるものの，地方ネタが人気なのは地方創生の風潮と無縁であるまい。ところが，ネット空間ではちょっと様相が異なる。典型例が福井県池田町の区長会が提示し，町の広報誌に掲載された移住者向けの「七カ条」だ。共同体を維持するための習慣などを説明したものだが，「都会風を吹かさないように」といった刺激的な文言がネット上で批判を受けた。

　批判の多くが，「こんな発想だから若者は出て行く」といったもので，宮崎県知事を務めたタレントの東国原英夫氏がXに投稿した「地方（住民）の立場としては良〜く分かるが」といった理解を示すものは少数。なかには「都会からの仕送りで成り立っているのに」という投稿もあった。地方交付税は主に東京に偏在する税収を地方に配分する仕組みで，それを仕送りと表現したのだろう。米国では社会の分断が問題となっている。過激な発言が出やすいSNS（交流サイト）とはいえ，地方創生を進める日本でも都市と地方の分断が懸念される状況がある。

図表 13-1　池田町の「七カ条」を巡る混乱を報じた記事

出所：『日本経済新聞』2023年2月14日付（朝刊・北陸経済面）。

1.2　「田舎者の集まり」ではなくなった東京

　山間部を車で走るとき，「ほとんど車が通らないのにこんな立派な道を作ってどうするのか」と感じることがないだろうか。逆に，「こんなに狭い道路では生活が大変だろう」と思ったり，災害で孤立した集落のニュース映像をみて心配したりすることもあるだろう。高度経済成長期，地方から都市部に多くの若者が集まったが，流出しても一定規模の人が残った。インフラ整備は多くの人にとって悲願といえた。

　ところが，バブル崩壊後の財政難，地方で過疎が進むと「使われない道路」などインフラ整備に批判が集まった。見直しは当然とはいえ，突然人口がゼロになるわけではない。どうやって地域を維持するのか，誰もが納得する答えはない。

東京はかつて「田舎者の集まり」と言われた。地方から上京した人が様々な分野にいて地方への愛着もあったが，祖父母の代も含めて「地元は東京」となると関係は疎遠になる。農産物などの生産者と消費者をつなぐネット通販を手掛ける雨風太陽の高橋博之社長は「昔の東京は田舎者の集まりだったから共感できた。いずれ農村漁村にお金を突っ込むことに理解を得られなくなる」と語っている。⁽¹⁾

1.3　地方への移住と地方からの流出

ふるさと納税サイトを運営するトラストバンクが2023年9月に「若者の地方に対する意識調査」を公表している。
・東京圏に住む若者の49.3%は地方暮らしにあこがれている
・そのうち「実際に地方暮らしをしてみたい」と回答したのは79.0%
・「キャリアアップ」より「プライベートの充実」が大切との回答が54.5%
といい，これだけをみると都会の若者が次々と地方に行きそうだ。

しかし，コロナ禍で一時，東京圏から流出する動きがあったものの，2022年の人口移動報告では東京圏の人口流入が3年ぶりに拡大。その後も一極集中の傾向は強まっており，将来推計人口では2050年の人口が2020年より増えるのは東京都だけとなっている。

「地方いいよね，住みたいよね」という意向はあるのに現実の動きは違う。これはライフスタイルを考えると当然かもしれない。多くの企業で地方転勤者に特別手当を支給する動きが広がっている。共働きが一般的になると辞令一枚で転勤とはいかなくなる。地方の若者が就職する際，子だくさんの時代は誰か地元に残ればよかったが，一人っ子の時代は都会に出ると誰もいなくなる。

最近，地方の若い女性が都市に流出する要因として，「男性中心の古い体質」をあげる調査結果が相次いでいる。池田町の「七カ条」について著名な実業家は，「嫌だと思っていることが言語化され，（地元の若者が）逃げ出す口実になる」とネット上で辛辣に指摘していた。

このように「都市と地方」を巡る問題には多様な見方があるうえ，本音と建前もからみあっている。だからこそ奥が深く，事例の裏側を考えると興味がわいてくるのではないか。

2　持続可能な地方創生，持続可能な地方を実現する社会の仕組み

2.1　戦後のインフラ整備，人口減で再配置必要に

人が暮らしていくために道路や水道，病院や学校などは不可欠なものだ。戦後の深刻な電力不足に対応しようと巨大なダム建設を描く「黒部の太陽」や，山形県の無医村で地域医療に生涯をささげた女性医師を扱った「いしゃ先生」など小説や映画の題材にもなっている。

東海道新幹線の開通など戦後日本の成長の象徴であったインフラは，人口減少社会では「無駄な公共事業」という批判を浴びるようになる。医療人材は「一県一医大構想」によって全都道府県に医学部のある大学ができた。今も医師不足で定員増を求める声がある一方，今後の人口減少を考えるといずれ過剰になるとの指摘もある。

戦後の日本は足りないところに配分する社会だったといえる。住民は「次は自分の番だ」と期待できた。ところが，人口減少になると最適な配分・再配置が必要となる。医師不足の事例では不足する地域へ配置できるといいが，職業選択の自由がある以上，勤務地の限定は難しい。偏在解消が難しいとなると，定員増に頼らざるを得なくなる。

2.2　財源不足に老朽化，同じような仕組みでなりたつのか

道路や橋といったインフラ施設は，高度経済成長期に一気に作ったため施設の老朽化対策も待ったなしだ。水道の場合，今のまま2050年になると約6割の水道管が法定耐用年数を超すといわれる。そこで，市町村単位で運営していたのを周辺市町村と統合を進め，浄水場の集約といった効率化を図る動きがある。災害で壊れた水道設備を復旧させず，給水車で集落のタンクへ運び配水する事例もある。

病院も自分の町にあると安心ではあるが，人口が減ると患者も減って経営が成り立たず，医師も集まらない。老朽化した病院の更新をきっかけに，複数の病院を集約・統合する動きが徐々に出ている。文化ホールも複数の施設を集約したり，複合施設にしたりしてリニューアルを図る動きがある。国が自治体に対し「公共施設等総合管理計画」の策定を求め，統廃合などを促していることも背景にある。

　もっとも，集約・統合となると合意形成には時間がかかる。道路などのインフラの場合，老朽化した橋や道路を修理せずに通行止めにするといった判断は難しい。新規事業の凍結・見直しも，住民に対して「あの話はなくなりました」というのは容易なことではない。国の借金を増やして整備しようという声が勢いを増す。

2.3　公民連携のまちづくり

　ただ，合意形成が難しいからといって，従来の新設一辺倒では持続可能な社会は作れない。そこで注目されているのが新たな公民連携の動きだ。これまで国や自治体が担っていた分野に，企業など民間が参入する動きは以前からあった。民間委託や指定管理者制度からPPP（パブリック・プライベート・パートナーシップ）などその手法は多様化している。今，注目されているのは，「そんな手があったのか」という公民連携のまちづくりだ。

　プロバスケットボールのBリーグ，琉球ゴールデンキングスが本拠地にする沖縄アリーナ（沖縄県沖縄市）は代表事例のひとつ。自治体が作った公共施設ではあるが，設計段階から市と連携して地域活性化につながるエンターテインメント施設とし，他の競技や国際会議や展示会といった需要も狙っている。老朽化した体育館の建て替えは各地で課題となっている。Bリーグの島田慎二チェアマンは「従来の延長線上で新しい体育館を作るだけではもったいない。ちょっとがんばってアリーナを作れば外から人を呼び込み，地元に価値を生むハコになる[2]」と語っている。

　大阪府大東市の市営住宅を再開発したmorineki（モリネキ）も新たなモデルだ。老朽化した市営住宅を市が解体。まちづくり会社のコーミン（同

写真 13-1　カフェを作るなど公営住宅のイメージを一新させた
「morineki」（窓越し奥が住宅，大阪府大東市）

出所：『日経グローカル』2023年10月2日号，荒木望撮影。

市）がその市有地を借り上げて商業施設や交流広場も設けた施設に一新した。単なる建て替えでは今後の人口減少を考えると空き室が出てくるのは明らか。市はコーミンから住宅棟を借り上げて市営住宅にする一方，コーミンが地域全体の魅力を高める施設にしたことで，周辺の地価が高まる効果も出ている。

3　持続可能な地域とは

3.1　「SDGs 先進度調査」にみる自治体

　国連が採択した SDGs（持続可能な開発目標）を自治体も取り入れている。『日経グローカル』は全国の市と東京23区を合わせた815市区を対象に「SDGs 先進度調査」を実施している。国の公表データなどを元に「経済」「社会」「環境」の3分野について，SDGs への取り組み状況を評価するものだ。この結果を参考に，持続可能な地域のあり方を考えてみよう。

　2030年までに持続可能でよりよい世界を目指すための SDGs は，目標1「貧困をなくそう」目標8「働きがいも経済成長も」といった17のゴール，

169のターゲットで構成されている。地球規模の問題を，地域の取り組みから解決を図る「グローカル」なテーマといえる。内閣府が事務局を務める自治体SDGs推進評価・調査検討会が全国自治体を対象に実施しているアンケートでは，SDGsを推進していると答えた自治体の割合は2018年度にはわずか9％だったが，2022年度には71％に高まっている。

　日経グローカルの調査でも同様の傾向が表れている。どんな組織でもトップが「やろう」というだけでは進まず，専門部署を設けたり担当者を決めたりする必要がある。調査で何らかの担当部署や担当者を置いている市区は2020年調査で44％だったのが，2022年調査では56％へ上昇した。

3.2　ごみ処理にみるSDGsの課題

　SDGsのゴールには「飢餓をゼロに」「安全な水とトイレを世界中に」といったものがあり，日本の地域課題からは縁遠いような印象を受けるかもしれない。しかし，目標4「質の高い教育をみんなに」目標11「住み続けられるまちづくりを」など多くの項目は地域と密接な関係がある。ここでは，具体的な事例として日経SDGs未来講座が開講されている獨協大学がキャンパスを構える埼玉県草加市の調査結果（2022年度）を取り上げてみる。

　調査に回答した709市区のなかで草加市は総合で195位だった。自治体の財政力や地域の一人当たり小売業販売額といった経済分野は139位，一人当たり教育費や障害者雇用率などの社会分野は490位，食品ロスを減らす取り組みなど環境分野は51位という内訳だ。

　環境分野の順位が高いのはリサイクル率といった指標のほとんどが平均を上回っていることがあげられる。一人当たりのごみ排出量は823グラム／日と709市区のうち171位だった。分別による再資源などで減少傾向にある。ただ，全国的にみると驚くほど少ない自治体がある。回答自治体で最小の宮崎県小林市は419グラム／日だ。

　小林市のごみ分別は空き瓶も色分けするなど7種25品目に及ぶ。生ごみは市民が集積所に持参し堆肥として再利用する徹底ぶりで，目標12「つく

写真 13-2　民間が作った児童施設「KIDS DOME SORAI」（左上は内部，山形県鶴岡市）

出所：浅山章撮影。

る責任つかう責任」という SDGs に合致している。市のホームページには「市民の皆様には大変お手数をおかけしますが，みんなの力で『循環型社会』の構築を目指しましょう」とある。

3.3　行政の役割はすべての分野に

「自治体と SDGs」というと市役所など「行政がもっと頑張れ」と思うかもしれない。しかし，実際に行動するのは住民だ。なにか問題があるとすべて自治体任せにしていては職員をいくら増やしても追いつかない。ただでさえ自治体の仕事は増えている。独居高齢者の増加に対応するため，神奈川県大和市のように「おひとりさま政策課」という部署を立ち上げるケースもある。

このほか，インフラの老朽化や高齢化，移住者獲得や特産品販売など行政の役割は拡大している。そうしたなかで，山形県鶴岡市のまちづくり会社「ヤマガタデザイン」は観光や農業振興など様々な社会課題解決に通じる事業を民間企業として進めている。中でもユニークなのは教育事業だ。KIDS DOME SORAI というドーム状の全天候型の児童教育施設を12億円かけて建設。その延長線上で不登校などの子どもに対応するフリースクー

ルも始めている。

　子どもが遊ぶ施設を作るのは通常行政の役割だ。しかし，「頼んでもできないのであれば自社で作ろう」と，スポンサー企業を集めるなどして運営費もまかなっている。フリースクールも不登校児の受け皿が限られる地方で学びの選択肢を増やそうと始めたもの。大手不動産会社をやめて同社を起業した山中大介社長は「医療や福祉などは行政が，交流人口や移住促進などは民間がそれそれ主導すべきだ」とし，新しい役割分担の必要性を説いている。

4　「自治会・町内会」について考える

4.1　総論賛成，各論では…　身近な自治組織の課題

　公民連携のまちづくりといっても，自分事として考えるのは難しいかもしれない。この節では身近な自治会・町内会を通じて住民参加のまちづくりについて考えてみよう。SDGs の主要原則では「全てのステークホルダー（利害関係者）が役割を」と参画を求めている。

　埼玉県草加市の賃貸アパートを紹介するサイトで，「町内会費月250円」という記述があった。自治会・町内会とは「一定区域に住む人の地縁に基づく団体」で全国に約30万もある。地域の行事や防災・防火など地域社会を維持するための共同活動を担い，会費はその活動費用の一部だ。

　日経グローカルの SDGs 調査では「自治会・町内会への参加率」を評価項目の１つにあげている。草加市は47.7％だったが30年以上前は70％を超えた。町内会のなかには駅前にイルミネーションを設置したところがある。防犯パトロール活動にも取り組み，ひったくりが減少する効果がでたところもあるという。独居高齢者の見守りなど，その役割を考えると，行政任せではない地域づくりのためには必要と評価する人が多いだろうが，全国的にも加入率は低下している。そこには歴史的な背景や活動を巡る課題がある。

図表13-2　隣組の歴史を解説した記事

戦後も残る
共助の仕組み

遠見卓見

隅々に監視・統制の網

「常会」に出席義務、団結を強制

配給制のくびき「住」

出所：『日本経済新聞』2014年5月11日付（朝刊）。

4.2　高齢化など日本の縮図にも

　「隣組（となりぐみ）」という言葉を聞いたことがあるだろうか。戦争中の日本は国家総動員体制が敷かれ，その末端組織として国民は参加を義務付けられた。防災・防犯といった活動を通じ，国民が監視しあう機能もあった。

　敗戦でこうした組織はなくなったが，今も自治会・町内会のほか，PTAや商店街など地域を地盤に活動する組織はある。ただ，いずれも「活動が負担」「活動する意味がない」など，近年は批判にさらされている。

　自治会・町内会の加入率が高い地域のひとつが新潟県。加入率100％という市もあるほどだが，地元紙「新潟日報」は2022年「自治会・町内会活動もう嫌あ～」という不満の声を取り上げる記事を掲載している。ジェンダー平等の時代に婦人部という組織があり，掃除などの仕事が集中するといった不満だ。他の新聞やネット上でも「お金の扱いが不透明」「行政の下請け仕事」「一部の人だけが楽しむイベント」といった声がある。

必要な組織なのに批判を受けている。では，どうするとよいだろうか。

4.3　解決策はSDGsに通じる「若者や女性の参加」

　解決策の１つといえるのがSDGsの目標５にあげられているジェンダー平等の実現。自治会長に占める女性の割合は最も高い大阪府で16％。ほとんどの県は10％に満たず，群馬・山形・長野の３県は１％台にとどまる。国もこうした課題は認識していて，「女性自治会長活動事例集」では「女性が参加しやすい工夫をしながら自治会運営」といった紹介をしている。

　もう１つが若返りだ。自治会・町内会の役員は一度就任すると長く務めたり，輪番制の場合でも定年退職者が務めたりと高齢化しがち。そうなると若い人はますます参加しにくくなる。

　鹿児島市では高校生の町内会長が誕生している。唐湊山の手町内会の金子陽飛さん。高校３年生の時に会長になり，20歳を迎えた後も続けている。考案した「パズルピース型町内会活動システム」は，首長・議員，市民の優れた活動を表彰する「マニフェスト大賞」も受賞した。町内会の業務をカードに記載し，担当者を募集するといったシステムで，活動を可視化することで多くの人が関われるようにした。

　SDGs推進を担うはずの自治会・町内会を再生させるには，多様性を実現し新たな担い手が参画することが重要といえる。

5　若い世代の人口を増やす

5.1　各地で子育て支援策，首長に疑問の声

　持続可能な社会を作るために様々なことに取り組んでも，人口が減少し続けると，目標11「住み続けられるまちづくりを」とはいかなくなる。2024年１月，日本郵政社長の増田寛也氏ら有識者グループ「人口戦略会議」が出生率回復などで2100年の人口8000万人を目指す提言を出した。増田氏は岩手県知事や総務相を務め，本章の冒頭に紹介した「消滅可能性自治体」の問題を提起したこの分野のキーパーソンだ。

　各自治体は子どもの医療費無償化など子育て支援策を競っている。子育て世帯を呼び込んだ自治体が高く評価されているが，国全体では出生率は地方創生が始まった2014年の1.42から，2022年はコロナ禍もあり1.26に低下。出生数は同期間に100万人強から80万人に減っている。

　日経グローカルが2024年1月に掲載した自治体首長へのアンケート調査では，子育て世帯などの移住者獲得に弊害があるといった回答が6割に達した。支援策を競って人口を奪い合うことに，疑問の声が出ているわけだ。

5.2　ゼロサムゲームの子育て支援策，各国でも少子化に

　一方が得点をあげても，他方は失点となり参加者全体ではゼロになるのをゼロサムゲームという。自治体の子育て支援策は日本全体でみるとこの状態といえる。子どもを産み育てる機運を高めるといった効果は評価されるべきだが，未婚率の上昇や，経済環境，「子どもを持つ」という価値観の変化などで，少子化がさらに進行している現実もある。

　出生率向上を掲げることに批判的な意見もある。日本が戦争のために過去に出産を奨励したことを想起させたり，結婚・出産という個人の価値観に踏み込むことへの抵抗があったりするためだ。人口が減ることは地球環境のためによい，という意見もあるだろう。

　出生率の低下は先進各国に共通する現象だ。模範国家とされる北欧も例外ではなく，特に韓国や台湾などは出生率の低下が著しい。かつて「一人っ子政策」を取っていた中国は事実上，産児制限を廃止しても出生数は減り続けている。

5.3　人口減の「不都合な真実」

　消滅可能性自治体が話題となった2014年。過疎集落の将来人口を独自に算出し地元で説明した研究者は，「ショックを受けた住民は，諦めムードから何も意見を言わなくなった」と話していた。地方創生といっても東京一極集中の流れが変わらず，日本全体では人口減が進む状況に対し，徐々に諦めムードが強まるかもしれない。

図表 13-3　人口戦略会議が提唱2100年の人口モデル（数字は総
　　　　　人口／高齢化率）

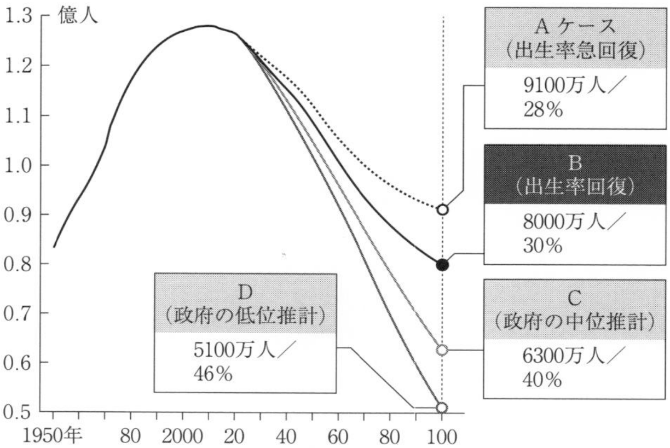

Aケース（出生率急回復）	9100万人／28%
B（出生率回復）	8000万人／30%
C（政府の中位推計）	6300万人／40%
D（政府の低位推計）	5100万人／46%

注：分岐前の実数は総務省の，その後のA・Bケースは人口戦略会議の，C・
　　Dケースは社人研のそれぞれ資料を参考に日本経済新聞が作成。
出所：日経電子版（2024年1月9日公開）。

　増田氏らが提唱した「2100年の人口8000万人」達成には，出生率を2040
年ごろまでに1.6，2050年ごろまでに1.8に引き上げる必要があるという
（図表13-3のBケース）。Aケースは2040年までに出生率2.07に到達するこ
とが条件となり実現は極めて困難とし，Bケースを提示した。近年の状況
からはそれも達成困難な数字に見えるが，増田氏は「達成できなければ，
完全に社会保障が破綻する。地域インフラの維持も難しくなる」と明言し
た。誰もが薄々感じながら，口にすることを避ける「不都合な真実」とい
えるだろう。

　「不都合な真実」は米国のアル・ゴア元副大統領が環境問題を訴える本
や映画で有名になった言葉だ。地球温暖化と地域を巡る問題は共通点があ
る。温暖化対策は先進国と途上国，地域課題は都市と地方と立場が分かれ，
不都合な真実に向き合いたくないという意識も働く。いずれも解決が困難
な問題ではあるが，多様な視点を持つと地域の課題がより身近になるので
はないだろうか。

おわりに（展望）

　NHK が50年ほど前に放送していた「新日本紀行」というドキュメンタリー番組がある。再編集された番組をみて驚くのは，今では廃村になったような山間部に多くの若者がいることだ。恐ろしく狭い道路を走るバスには通学の高校生があふれている。ただ，そのころから今につながるような若者の流出や，農林水産業など地域を支えた産業の衰退の兆候が見て取れる。

　50年後の地方はどうなっているのだろうか。道路や橋を維持できているのだろうか。南海トラフ巨大地震の50年以内の発生確率は「90％程度もしくはそれ以上」というから，大都市部を含めて国のありようが変わっているかもしれない。

　ただ，悲観的なことばかりではないだろう。人口戦略会議の増田寛也氏は高齢男性が様々な団体のトップを占めている地方の現状に苦言を呈し，「女性は閉塞感で地方には戻らない。国民的な運動が必要」と変化を求めた。地域の抱える根本的な問題に光があたり，解決の動きが出始めている。女性や若者の参加という多様性の追求（SDGs）から変化がうまれ，それが持続可能な地域づくりにつながっていくのは間違いなさそうだ。

注
(1)　日本経済新聞社『日経グローカル』2022年8月1日号。
(2)　日本経済新聞社『日経グローカル』2022年9月5日号。

| 第14章 | 激変する国際情勢と SDGs の理念 |

赤川省吾

──────── 要 旨 ────────

1. 欧州が描く理想像と SDGs で目指す世界が非常に似る。すなわち「人権，民主主義，法の支配を守る」ことである。
2. 欧州は倫理観のリーダーを自任し，現代版の啓蒙主義で民主主義などの価値観を世界に広めようとした。だがロシアのウクライナ全面侵略で挫折を味わう。
3. 歴史と文化を共有するロシアとは決別（デカップリング），ロシアを支える中国とは経済依存の低減（デリスキング）を目指す。欧州連合（EU）の盟主ドイツが戦後に掲げてきた「貿易による変革（Wandel durch Handel）」のスローガンから一転する。
4. 欧州は経済への負担を覚悟のうえで，エネルギーの脱ロシアを進める。軍縮から軍拡に転じ，軍事力でロシアと対峙する。「新・冷戦」が始まった。
5. 米国の民主主義が揺らぐなか，不確実性が高まり，ロシアや中国の好機となりかねない危うさがある。世界秩序のアンカー役は欧州と日本が果たすしかない。事なかれ主義に浸っている余裕はない。

▶key words：民主主義，人権，法の支配，欧州統合，ポストコロニアリズム

はじめに

　民主主義の守り手，環境大国，ジェンダーバランスを重んじる地域。欧州をイメージする言葉を並べると SDGs の目標と重なることが多い。第2次大戦後に始まった欧州統合は平和への誓いが起点となり，欧州連合（EU）は人権，民主主義および法の支配の尊重という価値感を基盤にする。こうした欧州が描く理想像，そして実践しようとしている社会は，まさにSDGs の目指すところなのではないだろうか。だからこそ欧州を理解することは，SDGs を理解することにもつながる。だが欧州も「理想郷」ではない。人権重視をうたいながら域内では人種差別が横行し，民主主義の守り手を自任しながら長いことロシアや中国といった強権国家と深い経済関

係を築いていた。理想と現実のジレンマに悩む欧州は将来の日本の姿かも
しれない。アジアにおける民主主義の柱として責任を負う日本も欧州と同
じような試練に直面しつつある。

1　激変した欧州情勢

1.1　SDGsとその普遍的な価値

　SDGs（持続可能な開発目標）は2015年の国連サミットで採択された「持
続可能な開発のための2030アジェンダ」に記載された国際目標である。地
球上の「誰一人取り残さない（leave no one behind）」ことを誓い，発展途
上国のみならず，先進国自身が取り組むユニバーサル（普遍的）なもので
もある。

　「目指すべき世界像」は以下のように明記されている。

　「我々は，人権，人の尊厳，法の支配，正義，平等及び差別のないこと
に対して普遍的な尊重がなされる世界を思い描く。人種，民族及び文化的
多様性に対して尊重がなされる世界。人間の潜在力を完全に実現し，繁栄
を共有することに資することができる平等な機会が与えられる世界（日本
外務省ウェブサイト掲載仮訳）[1]」。

　実は，この目指すべき世界が，欧州が描く理想像と非常に似ている。
EUは「域内外で人権，民主主義，法の支配を促し，守ることは，EUの
基本原則[2]」と公言する。「域内」だけでなく，「域外」でも人権の尊重など
を守り，促すというのも特徴的だ。つまり，EU加盟国が「人権，民主主
義，法の支配」の3点セットを守るのは当然で，その価値観を世界に広め
ていこうという意欲が示されているのである。

　この思想に基づけば人権が抑圧されている強権国家や，民主主義が脆弱

197

な途上国だけでなく，時には日本も「残酷な死刑制度」を持つ国として批判の対象になる。

　例えば，EUの盟主を自任するドイツは2019年に日本で死刑が執行された際に次のような声明を出した。「非人道的で残酷な刑罰であり，ドイツ連邦政府はいかなる状況においてもこれを拒否する[3]」。EUも2022年に日本に向けてアイスランド，ノルウェー，スイスと共同声明を出している。「死刑制度に反対する立場に基づき，私たちは世界的な死刑廃止に向けて積極的な取り組みを続けている。死刑は究極的に残酷で非人道的な刑罰である（抜粋）[4]」。

　軍事力では米国に劣り，経済力では中国に抜かれた。だからこそ倫理観（モラル）で世界のリーダーになるという野心が込められていると筆者は考える。現代版の啓蒙思想といえる。

　途上国からは時には押しつけがましいと指摘されるが，それでも自らの価値観にこだわるのは欧州の歴史的な歩みが影響している。狭い地域にさまざまな勢力が群雄割拠した欧州は戦乱に次ぐ戦乱の時代が長く続き，特に第1次世界大戦と第2次世界大戦で地域が大きく荒廃した。簡単に国境を越えることのできる欧州では，空爆だけでなく，凄惨な地上戦が各地で繰り広げられた。この反省は深く，第2次大戦後は武力に頼らず，民主主義国家が対話によって問題を解決していくことで平和を実現しようとした。

　欧州統合のベースとなるEU条約の第2条はうたう。「EUは，人間の尊厳の尊重，自由，民主主義，平等，法の支配，ならびに少数派に属する人びとの権利を含む人権の尊重という価値に基盤を置いて成り立つ」。本節の冒頭で記したようにSDGsと酷似した欧州の理想像だ。
　ところが，その欧州が国際情勢の急変に見舞われ，自らの理想像と現実とのジレンマに悩む。それは日本への教訓となるかもしれない。

図表 14-1　SDGs の普遍的な価値

8. 働きがいも経済成長も
・移住労働者や不安定な雇用状態にある労働者の権利保護 ・強制労働を根絶し，児童労働の禁止及び撲滅

10. 人や国の不平等をなくそう
・年齢，性別，障害，人種，民族，出自，宗教に関わりなく，すべての人々の包括を促進 ・差別的な法律，政策及び慣行の撤廃

13. 気候変動に具体的な対策を
・気候変動への対応を，それぞれの国が，国の政策や，戦略，計画に入れる

16. 平和と公正をすべての人に
・法の支配を促進し，司法の平等なアクセス ・あらゆる場所で，あらゆる形の暴力と，暴力による死を大きく減らす

日本ユニセフ協会 https://www.unicef.or.jp/kodomo/sdgs/17goals/	2015年9月25日第70回国連総会採択・日本語仮訳（外務省） https://www.mofa.go.jp/mofaj/files/pdf/000101402.pdf

出所：筆者作成。

1.2　欧州を変えたロシアのウクライナ侵略

　1945年の第2次世界大戦の終了後，世界は米国を盟主とする自由主義陣営（西側陣営）と，ソ連を盟主とする社会主義陣営（東側陣営）の2つに分かれた。いわゆる東西冷戦である。その構図がもっともはっきりした場所の1つが欧州だった。米国と西欧を軸とした軍事同盟である北大西洋条約機構（NATO）と，ソ連・東欧ブロックのワルシャワ条約機構が「鉄のカーテン」をはさんで対峙し，欧州は東西に分断された。

　いつ戦争が起きるともわからぬ状況に終止符が打たれたのが1989年の「ベルリンの壁」の崩壊だ。東西の垣根が崩れると，まず東西ドイツが1990年に再統一。さらにポーランドやチェコスロバキアなどの東欧諸国が共産党による独裁体制を放棄して民主国家に転じ，欧州統合に身を投じた。欧州各国は通貨ユーロの導入，国境検問の廃止（シェンゲン協定），教育制度の共通化などを相次いで進め，国家を隔てる国境という垣根を徐々に低くした。徴兵を廃止する国も相次ぎ，軍縮の動きも広がった。戦争に明け暮れた欧州がポスト冷戦時代でようやく平和を謳歌し，さまざまな果実を得たのである。

前述したように欧州統合のベースは「人権，民主主義，法の支配を守る」ということにある。この条件を満たしたうえで，市場経済が機能し，EUの義務を果たすことなどの「コペンハーゲン基準」をクリアすれば加盟国として認められる要件が整う。

　第2次大戦後の欧州史を振り返れば，冷戦崩壊で，こうした欧州流の価値観が世界を覆うようにみえた。ベネルクス3国（オランダ，ルクセンブルク，ベルギー），フランス，ドイツ（西ドイツ），イタリアの西欧6カ国で1950年代に始まった欧州統合は「民主的で人権を重んじる国」を新たに加えることで拡大してきた。軍事独裁政権から民主化した南欧3カ国（スペイン・ポルトガル・ギリシャ）が1980年代に加わり，共産独裁を放棄した東欧諸国が2004年以降に加盟した。東西陣営の対立がなくなったからこそ，中立国のオーストリアなども統合に参画した。

　ロシアも統合の延長線上にあるようにみえた。ソ連最後の指導者ゴルバチョフは冷戦末期の1987年，東西融和を実現する「欧州共通の家構想」を発表し，歴史や文化を共有する欧州の一員になりたいとの思いをにじませていた。グラスノスチ（情報公開）とペレストロイカ（改革）はロシアの民主化に期待を抱かせ，ロシアはいずれ欧州の一部になるとの夢をもたらした。だからこそ欧州は2014年にロシアがウクライナのクリミア半島を強制併合したのちもロシアとの対話にこだわり，エネルギーをロシアに依存し続けた。

　ところが2022年2月のロシアによるウクライナ全面侵略が欧州に地殻変動をもたらした。平和を誓ったはずの欧州の地で再び戦争が始まったという衝撃が広がり，欧州の一部だと信じかけていたロシアが実は人権や民主主義，法の支配を軽んじる独裁国家であることを再認識した。

　冷戦終結後は対テロやサイバー戦が続いてきたが，一転して国家同士の戦争が現実に起きた。陸続きの欧州で「ロシアの機甲師団が国境を越えて攻めて来るかもしれない」という不安が高まり，各国は戦車や戦闘機などを使った20世紀型戦争に再び備える。ドイツは国防費の大幅増額を表明し，スウェーデンとフィンランドは伝統的な中立策を放棄してNATOへの加

図表 14-2　欧州を変えたウクライナ侵略（2022年2月24日）

対ロシア政策
対話　→　力の均衡

安全保障政策
対テロ　→　20世紀型戦争

冷戦の復活

軍縮　→　軍拡

出所：筆者作成。

盟を決めた。

　欧州における外交・安保の重心が「対話」から「力の均衡」に移り，欧州が軍事力でロシアに対峙することが明確となった。消滅したはずの「鉄のカーテン」が復活し，欧州はロシアとの外交・経済関係はもちろん，文化・スポーツ交流も実質的な断絶（デカップリング）に動く。[5]

　こうした緊張感が漂うのは，ソ連が西欧を狙う弾道ミサイル「SS20」を配備したことに対抗し，NATOが軍拡に動いた1970〜80年代以来，ほぼ40年ぶりだ。傍若無人なロシアを刺激すれば第3次世界大戦になるのではないかとの不安も忍び寄る。もちろん軍事力は抑止力であるのが望ましいが，残念ながら「戦争」をウクライナに近い欧州は意識するようになった。

1.3　欧州の現状

　「時代の転換点」。ロシアによるウクライナの全面侵略の直後，ショルツ独首相は議会の施政方針演説に臨み，ドイツの立場をそう言い表した。[6]共産独裁に打ち勝った民主主義が世界を覆うという幻想は打ち砕かれ，平和が広がっていく時代が終わった。グローバル化が加速し，「戦争」が表舞台から退いていたポスト冷戦期に幕が下りたのである。

　だからこそ，時代の転換にあわせてドイツは政策を全面的に変えなくてはいけないというメッセージだった。ドイツは軍縮から軍拡へ，ロシア融

和策からロシア強硬策へ転じたのである。

　欧州においてドイツはロシアと特に深くかかわってきた。「人権や民主主義，法の支配を域外に広げる」ということが欧州の錦の御旗だったにもかかわらず，対ロシア融和策をとってきたのには，歴史的な経緯がある。

　冷戦期，カリスマ政治家で鳴らしたブラント西ドイツ首相（在任1969〜1974年）は東方外交（共産圏融和策）を掲げ，ソ連指導者ブレジネフと会談した。仮に第3次世界大戦となったらドイツが再び戦場となり，国土が荒廃してしまうという危機感があったからだ。1971年にノーベル平和賞を受賞し，1990年のドイツ再統一の起点となったブラント氏の対話路線は，いまでも語り草だ。ブラント氏の出身母体である中道左派・ドイツ社会民主党（SPD）のベルリン党本部は元首相の名前を冠し，いまでも「ヴィリー・ブラント・ハウス」と称する。

　第2次世界大戦中，ナチス・ドイツが数百万人のソ連兵捕虜を虐待や栄養失調などで死亡させたことへの反省もある。戦後70年の節目となった2015年，ガウク大統領（当時）はソ連兵虐殺について「大きな犯罪だった」と謝罪している。別の元独政府首脳は筆者に「ロシアを理解しなければならない，という強迫観念のようなものがドイツ政界あった」と証言した。ロシアは敵対する相手ではなく，贖罪（しょくざい）と謝罪の対象であった。

　ドイツ東部の親ロシア感情も無視できない。旧東ドイツ地域の住民には1990年のドイツ再統一後，「2等市民」に転落したとの被害者意識がある。だから東ドイツが「社会主義国の優等生」と誇れた冷戦時代に後ろ盾だったソ連に郷愁を感じる。ドイツ東部を基盤とする野党・左派党は長年，NATO解体を訴えてきた。筆者は同党のモドロウ長老会議長（元東独閣僚評議会議長＝首相）と長いつきあいがあり，2023年に亡くなるまで百回近くの取材を重ねた。彼は会うたびに「ドイツはロシアの軍事的脅威となるべきではない」と繰り返していた。

　独ロの歴史は複雑に絡み合ってきた。ともに後発の資本主義国であり，ロシアの港湾都市カリーニングラードは戦前，ドイツの中核都市ケーニヒ

スベルクだった。ドイツの国会議員のなかで対ロ強硬派として知られた与党・自由民主党（FDP）のラムスドルフ議員（現・駐ロシア大使）とて祖先をたどればロシア帝国の外相に行きつく。

　歴史や文化を共有するにもかかわらず，いまドイツはロシアと決別しつつある。ロシアによる侵攻から1年が過ぎた2023年3月，ショルツ首相は日本経済新聞との単独インタビューでロシアを「帝国主義的」と強い調子で非難し，ウクライナとベラルーシを取り込んだ新しい大ロシアをつくろうとするプーチン大統領の狙いを「ばかげた目標」と切り捨てた。さらに中国との経済関係についても「特定の国への一方的な依存を避ける」との表現で徐々に距離を広げていく考えを示した（図表14-3）。

　戦後ドイツは「貿易による変革（Wandel durch Handel）」をスローガンに掲げていた。通商取引を膨らませ，交流を深めれば，強権国家も西側陣営に感化されて民主化するというシナリオに基づいた外交・通商政策だった。その方針は破綻し，転換を迫られた。ロシアに天然ガスの過半を頼っていたにもかかわらず，輸入を停止する。輸出立国にもかかわらず，魅力的な市場の中国には頼らない。二度も世界大戦を引き起こしたという負の過去を背負いながら軍拡に転じる。そんな大転換を一気になし遂げるというわけだ。

　安保を米国，エネルギーをロシア，市場を中国に頼るという国家モデルは通用しない。民主主義国家と強権国家の溝が深まるなか，ロシアや中国と距離を置き，ドイツは欧州の盟主として地域の安全保障体制に責任を持たざるを得なくなった。事なかれ主義の全方位外交から強権国家に毅然と対峙する国家へ。他人任せの軽武装から欧州防衛に責任を負う軍事大国へ。もはやドイツはナチスへの反省から欧州秩序に口を挟まぬ「沈黙の巨人」ではない。歴史的な背景があるからといってロシア融和策は許されない。

　これまで日米欧はウクライナを「ロシアの近隣国」あるいは「ソ連の一部」として扱ってきた。しかしウクライナはモスクワ史観を拒絶し，欧州の一部に組み込んでほしいと熱望する。EU加盟にこだわるのは「欧州的なもの」にアイデンティティー（帰属意識）を感じるからだ。この基本的

図表 14-3　筆者によるシュルツ独首相インタビュー記事

「台湾への武力行使認めず」

経済の中国依存引き下げ進める

ショルツ独首相

ショルツ首相の発言の骨子

日独関係は「新しいステージに」	政府間協議であらゆる分野で連携を深める
ドイツ経済の中国依存を是正	「特定の国への一方的な依存を避け、新しい販売市場を開拓」
台湾有事で中国をけん制	「現状変更のために武力を用いてはならない」
ウクライナを着実に支援	「必要な限り長く支援」
脱原発は完遂	「4月に原発停止」

注：ロシアのウクライナ侵攻からほぼ1年というタイミングでショルツ首相が訪日することになった。アジアで強権姿勢を強める中国にどう向き合うのか，日本とはどう付き合うのかを問うのがアジアのジャーナリストしての責務だと考え，筆者はインタビューをした。

出所：『日本経済新聞』2023年3月17日付（朝刊）1面。

＝第Ⅱ部　SDGsから描き出す課題とミライ＝

な点で EU はウクライナに歩み寄り，2023年12月の首脳会議でウクライナとの加盟交渉を始めることを決めた。

　ウクライナとロシアはもとより，欧州とロシアの関係も元通りになりそうにない。これは欧州史の大きな転換点になる。

　19世紀，ナポレオン戦争後の欧州秩序を決めるウィーン会議に「欧州の大国」としてロシアが参加した。各国の利害が対立し，「会議は踊る，されど進まず」と称されたウィーン会議から200年余り。欧州の政治秩序には常にロシア，そしてソ連がかかわってきた。

　20世紀初頭にはロシア，英国，フランスの三国協商が成立し，ドイツに対抗した。第2次世界大戦後は共産圏の盟主として東欧諸国を自らの影響下に組み込んだ。しかし，もう「ロシアを含めた欧州秩序」はないだろう。プーチン体制が倒れたとしても，ポスト・プーチンが民主的とは限らない。つまり欧州とロシア，民主主義国家と強権国家の対立は長く続く。世界は冷戦時代に逆戻りしたのである。

2　理想と現実に溝　悩む欧州

　「人権，民主主義，法の支配を守る」ことを世界で広めるという欧州の理想が，ロシアによるウクライナ侵略でつまずいた。経済交流で民主化を促そうとした中国も独裁色を強めた。さらに長年にわたる対話と経済支援を続けたパレスチナでは主流派組織ファタハの求心力が低下する一方で，武装組織ハマスが台頭し，2023年10月にイスラエルを奇襲攻撃した。高い倫理観と理想を掲げてまい進する手法は欧州統合では役に立ったが，世界では通用しなかったといえる。

　世界各地で戦乱が勃発し，「人権，民主主義，法の支配」を軸にした価値観外交も色あせる。中東の資源国カタールとの関係がいい例だ。

　欧州はカタールの人権問題を長年にわたって声高に批判してきた。2022年にサッカーのワールドカップ（W杯）がカタールで開かれた際，LGBTなど性的少数者や外国人労働者の権利が軽んじられているとして欧州議会

でボイコット論議まで巻き起こった。

　だが中東情勢が緊迫すると手の平を返したようにカタールを頼る。ハマスなど過激派組織と太いパイプを持つカタールを通じて，パレスチナ自治区ガザでの停戦を働きかけるだけではない。アフガニスタンのイスラム主義組織タリバンとの交渉でもカタールが重要な役割を果たす。欧州諸国はタリバンが率いる暫定政権を承認せず，表向きは没交渉を装う。だが水面下ではカタール駐在の欧州外交団が中心となって接点を持とうとしている。

　カタールは天然ガス大国という点でも魅力だ。エネルギーの脱ロシアを進めるドイツのハベック経済・気候相は2022年3月，輸入ルート開拓のために訪れた。

　似たような構図はあちこちにある。強権的な中央アジアの国々にウランなどの資源を頼り，「経済依存度を減らす」と言いながら中国ではなお商機を探る欧州企業がある。ウクライナから積極的に避難民を受け入れる一方，人道危機にひんするガザ地区で市民が逃げ惑うのは座視する。EUは人権や民主主義の守り手であると公言し，世界における倫理観のリーダーを自任するにもかかわらず，ダブルスタンダードで，ご都合主義という印象が強まりかねない状況に陥っている。実利か，価値観か。バランスが難しい。

　外部での試練に加え，欧州内での問題も抱える。移民排斥を訴える排外主義の極右政党が各地で力を持つ。

　典型的なのはドイツ東部ザクセン州だ。2024年1月に州政府が公表した世論調査によると，「ドイツには危険なほど外国人が多い」との答え（「そう思う」と「ややそう思う」の合計）が6割，「イスラム教徒が多すぎて外国にいるように感じる」との回答が5割に達した。「ドイツは自国の利益を優先すべき」という自国優先主義に4割が賛同し，「ドイツには強力な単一政党が必要」との答えも4割あった[7]。

　ザクセン州は，もともと保守的な土地柄で人種差別が横行した旧東独地域でもある。それでも反ナチスを国是としてきた国家で，多様性を否定し，独裁性を容認する空気が流れているのは衝撃だ。

　フランスでは極右指導者のルペン氏が2027年の大統領選での当選をうか
がい，ハンガリーでは親ロシアを演じるオルバン首相が長期政権を敷く。
EU条約に盛り込まれた「少数派に属する人びとの権利を含む人権の尊
重」，あるいはSGDsの「人種，民族及び文化的多様性に対して尊重がな
される世界」という目標が到達できているとは言いがたい。「（欧州の民主
主義はロシアなど）外からの脅威だけでなく，内なる脅威にもさらされて
いる」とドイツのウルフ元大統領は筆者に語った。[8]

3　国際社会での責任

　欧州社会はいい意味でも悪い意味でも変化の過程にある。極右の支持が
広がる一方，伝統的な宗教・社会観に縛られないリベラル思想も社会に深
く浸透しつつある。言い換えれば，リベラル思想が浸透するから，それに
反発する守旧派が極右支持に流れる。

　日本と異なり，欧州では「リベラル＝左派」ではない。古くからある伝
統的な価値観にこだわらない人たち，あるいは社会を指す。これは保守政
党であっても志向することが多い。それに加え，欧州の特徴としては過去
の植民地主義を批判的に捉えるポストコロニアリズムが社会全体に広がっ
ていることがある。

　近現代の欧州には3つの負の過去がある。時代順では，まず植民地主義。
欧州列強が世界を分割し，いまに至る格差や紛争の種をまいた。2つ目は
第2次大戦中の残虐行為。ドイツやオーストリアなどが背負う罪だ。3つ
目は戦後の独裁政治。南欧の軍事政権と東欧の共産独裁による暴力だ。

　汚点とどう向き合うのか。このうち最も難しい植民地主義の清算をどう
するのか，欧州は長年にわたって悩んできた。ナチスや共産独裁は「悪」
であり，弾圧や残虐行為は謝罪すればいい。だが15世紀の「大航海時代」
にまで遡る欧州の植民地主義では，歴史の光と影は表裏一体で，輝く業績
や偉人も見方を変えれば泥にまみれたものになる。

　例えば英国のナショナリストからすれば，チャーチル首相は救国の宰相

であり，ナチス侵略に敢然と立ち向かった英雄だ。だがインドを弾圧した植民地主義者という面も併せ持つ。

代表作「異邦人」や「ペスト」で知られるフランスの文豪カミュは，作品の舞台がアルジェリアであるにもかかわらず，主要登場人物はフランス系住民が中心だ。植民地主義者の視点だとの批判がつきまとう。

それでも負の過去を直視する流れは不可逆なものになりつつある。フランスのマクロン仏大統領は2017年の当選前，アルジェリアなどに対する植民地政策は「人道に対する罪」と語ったことがある。2018年には，かつての植民地，西アフリカ・ベナンと持ち出した略奪文化財を返還することで合意した。人種差別を増幅した植民地主義に向き合えないようでは，ロシアや中国などの強権国家に人権問題を迫ることもできない。

欧州は内外に課題を抱えながらも民主主義の砦（とりで）であろうとする。強権国家に対抗し，民主主義の守り手をうたうには，政治的正しさ（ポリティカル・コレクトネス）にこだわらざるを得ない。環境，ジェンダーバランス，多様性などを重んじるイメージだ。

歴史や文化を共有してきたロシアとは決別（デカップリング）し，経済を依存してきた中国とは距離を置く（デリスキング）。きちんと自らの地域を守れるように軍事力を強化し，過去への謝罪も続ける。さらに倫理観のリーダーでもあり，気候変動対策の先駆者でもあろうとする。欧州の野心的ともいえる取り組みは続く。

4　日本にとっての試練と今後の展望

日米欧など民主主義陣営と，中国・ロシアの強権国家陣営の溝は深まり，修復する可能性は低い。長いこと対峙することを覚悟しないといけない。欧州は経済の下振れを覚悟でエネルギーの脱ロシアを進め，世界で後ろ指を指されないようにリベラルな空気を保とうと四苦八苦する。

一方，日本はどうか。主要7カ国（G7）の一員であり，2023年はG7議長国でもあったが，引き続きロシアからガスなどの資源を輸入している。

図表14-4　冷戦の復活（安全保障・経済・価値観の対立）

出所：筆者作成。

「完全な石油・ガス禁輸が必要。（日本がカネをロシアに払えば，）そのカネをロシアがウクライナ攻撃に使う」というウクライナのマルチェンコ財務相は2022年，筆者の取材に訴えた。[9]

　対中強硬派を自任しているが，2021年に欧米各国が人権侵害を理由に対中制裁に踏み切っても追従しなかった。このままでは民主主義国だが人権に関心が薄いのではないかとの疑念が深まりかねない。

　米国の民主主義が揺らぐなか，不確実性が高まり，ロシアや中国の好機となりかねない危うさがある。世界秩序のアンカー役は欧州と日本が果たすしかない。事なかれ主義に浸っている余裕はない。皆さんが1人1人，いまなにを行動で示すべきなのか。それを考えることが日本の未来を切り開く。

注
(1)　日本外務省（2015）「『持続可能な開発のための2030アジェンダ』を採択する国連サミット」（https://www.mofa.go.jp/mofaj/ic/gic/page3_001387.html）（最終閲覧日2024年1月27日）。
(2)　駐日欧州連合（EU）代表部プレスチーム（2022）「EUとは」（https://www.eeas.europa.eu/japan/eutoha_ja?s=169）（最終閲覧日2024年1月27日）。
(3)　ドイツ外務省（2019）「Menschenrechtsbeauftragte Kofler zur jüngsten Vollstreckung der Todesstrafe in Japan（日本における直近の死刑執行についてコフラー人権担当のコメント）」（https://www.auswaertiges-amt.de/de/

newsroom/kofler-todesstrafe-japan/2290164）（最終閲覧日2024年 1 月27日）。

(4) 駐日欧州連合（EU）代表部プレスチーム（2022）「Japan: Joint local state-ment on an execution in Japan（日本での死刑執行に関する現地共同声明）」（https://www.eeas.europa.eu/delegations/japan/japan-joint-local-statement-execution-japan_en?s=169）（最終閲覧日2024年 1 月27日）。

(5) 赤川省吾（2023）「対ロシア融和を捨てた欧州：独仏の覚悟とジレンマ」「世界経済評論 2022年11・12月号ウクライナ戦争とヨーロッパの転換」国際貿易投資研究所 pp. 62-69。

(6) ドイツ政府（2022）「Regierungserklärung von Bundeskanzler Olaf Scholz am 27. Februar 2022（ショルツ首相による2022年 2 月27日の施政方針演説）」（https://www.bundesregierung.de/breg-de/suche/regierungserklaerung-von-bundeskanzler-olaf-scholz-am-27-februar-2022-2008356）（最終閲覧日2024年 1 月27日）。

(7) ザクセン首相府（2024）「Sachsen-Monitor 2023」（https://www.staatsregierung.sachsen.de/sachsen-monitor-5656.html）（最終閲覧日2024年 1 月28日）。

(8) 赤川省吾（2022）「ウクライナ問題，エネルギー危機…欧州の針路は　ドイツ元大統領に聞く」オンライン配信 NIKKEI LIVE 2022年 9 月 2 日（https://www.nikkei.com/live/event/EVT220824007/archive）（最終閲覧日2024年 1 月28日）。

(9) 赤川省吾（2022）「ロシア産ガス禁輸を　ウクライナ財務相，日本に要請」『日本経済新聞』2022年 5 月20日付（日経電子版）。

課題発見 Tips

　読者の皆さんも取材者，そして情報社会の一員である。社会学者の故・加藤秀俊氏は，「すべての人間が取材者である。いや，すべての人間が取材者であるような社会が情報化社会というものであろう。」と述べている。[(1)]

　この「課題発見 Tips」のコーナーでは，本書の執筆陣が実体験を基に，取材や編集について学生が知っておくべき事項を解説する。

　ICT なしに調査研究活動は成り立たない。一方で，屋内でパソコンに向っているだけでは現実が十分に反映されていない課題を設定してしまう恐れがある。現場を訪れ，専門家などを取材する能動的な動作が欠かせないのである。

　第 2 章で述べられているように ICT を活用ながら日々進歩している調査報道の世界でも，図書館で調べ，現地を訪れて調査することの重要性は変わりはない。むしろ，情報が氾濫しているからこそ，自分の目と足で確かめることが，信憑性の高い情報を獲得するために必要なのではないだろうか。加えて，独りよがりになることなく，多様な意見に耳を傾けることも，課題の発見や設定に欠かせないプロセスである。

　皆さんが普段目にしている記事は最終成果物に他ならない。記事が配信されるまでには，取材テーマの選定にはじまり多くのプロセス，そして記者の葛藤がある。

　取材は大変だから面白い？

1　インターネット時代でも変わらない取材の重要性

　ネットで様々な情報を得ることができて，上場企業を中心に企業の情報開示も広く行われるようになっている。それでも，取材という行為に関し

ては現場を訪ね，当事者に会って話を聞くことがウェブの情報収集に劣らず，今後も意味を持ち続ける。

　筆者が取材のテーマにしている農業に関して言えば，そもそも詳細な経営情報が開示されておらず，たとえホームページがあっても実態を理解するのが難しいときが多々ある。これは，株式を公開していないスタートアップなどにも共通の事情だろう。だからこそ，経営者にじかに会うことに大きな意義がある。

　上場企業であっても経営者にインタビューすれば，公開情報では得られない貴重な何かを理解することにつながる。同じ業態であっても，トップの経営哲学によって針路に差が出て，それが業績を左右することが常だからだ。

　ではどうやって取材対象を選ぶのか。筆者の経験に照らすと，「紹介」が決め手になることが大半だ。ネットの情報やメディアの記事を読んで取材に行っても，実情は違うことが少なからずある。ステレオタイプなものの見方が多すぎる。

　これに対し，信頼できる取材先の紹介にもとづいて取材に行くと，新たな知見につながる情報を得られることが少なくない。優れた経営者はその道のプロであり，彼が紹介してくれる経営者もまた伝えるべき何らかの価値を有しているからだ。

　もちろん，このサイクルがメディアを活用した宣伝の連鎖であってはならない。だからこそ，取材する側も相手の言うことをじっくり聞いたうえで，真価を見定めるスキルが要る。これこそ人と向き合うという，取材本来の醍醐味だろう。

　その楽しさは，文章で何かを伝えたいという動機にもつながっている。経営者の話を直接聞き，その創意と活力に刺激を受けながら帰途につく。取材に協力してくれた人たちへの感謝の気持ちを込めて，その意義を強調しておきたい。

（吉田忠則）

2　読者の存在を意識することの大切さ

　新聞記事は通常，不特定多数の読者を想定している。では不特定多数とは誰々を指すのか。ラブレターなら読み手は明確だ。LINE などのコミュニケーションツールを使う場合も仲間の顔が浮かぶはずである。

　入社間もない頃，先輩記者に聞いたことがある。「そうだなあ，義務教育を受けた人なら誰でもわかるような記事を書くことかな」。そのとき，祖母の姿が迫ってきた。祖母の最終学歴は中卒だった。晩年まで国会中継を見たり，新聞記事の選挙立候補者プロフィールを読んだりしていた。

　あれから30年あまりたち，私が伝えたいのは「読み手にストレスを与えないような文章を書こう」だ。一読してすっと頭に入る文章である。現代人の多くは決して暇ではない。内容を理解するために同じ箇所を何度も読み直したり，難しい言葉の意味を調べたりしなければならないような文章は読者に失礼だ。

　新聞記事に限らない。学生ならリポート，社会人であれば業務報告書や企画書などでも同じ。読み手に伝わるわかりやすい正確な文章が書けることは，デジタル時代に必須のスキルなのだ。では，わかりやすい文章はどんなもので，どうすれば書けるようになるのか。

　まず文章の型を理解し整理すること。論文，小説，法律文書など文章には様々なタイプがある。論文には書き方の作法があり，文学作品の中にはことばの美しさがちりばめられており，法文は正確さが求められる。私たちが目指す文章の優先順位は，わかりやすさ，正確さ，美しさになるかと思う。もちろんこの３つのバランスが良いことは理想である。

　次に文章で一番大切なのはコンテンツだ。だから新聞記者は取材し，調べ，検証する作業を繰り返す。そして，わかりやすい文章は教えられて書けるものではない。たくさん書いて，他人に指摘してもらったり，添削してもらったりして，少しずつ上達していく。王道はない。

　あるとき新聞を読んでいた祖母が「おもしろくない」とつぶやいた。それから私は，「おもしろい」文章を意識している。

（三好博司）

3　取材テーマの見つけ方

　専門媒体「日経MJ」で消費トレンドの記事を連載していると「どうやって取材テーマを見つけるの？」との質問を受けることがある。「普段の生活で，見るもの，聞くもの，すべてが情報源」というのが回答だ。気になるネットニュースをメモしたり，売り場で気になる商品や店頭表示（POP）をスマホのカメラで撮影しアルバムにストックしたりする。（もちろん撮影禁止ではない限りにおいて）。糖質オフとうたった商品の販売の増加や高価格帯のヘアドライヤーの拡大などの変化に対し，その背景にはどんな消費者の価値観の変化があるのかと考える。SNS（交流サイト）の影響でトレンドの移り変わりは速くなり，こまめに幅広くチェックしている。

　意外と，取材先との雑談の中でテーマが見つかることがある。取材先はその業界に長くいるので，自分の話している内容がさほどニュースバリューがあるとは思っていないが，業界の外にいる私には面白いと感じる。例えば，天然氷を使ったかき氷の記事を書いたきっかけは，取材先の「天然氷を使ったかき氷が人気です。ただ温暖化の影響を受けやすく暖冬だと思うように作れなくなる。嬉しい反面，心配です」との何気ない一言だった。その前に「温暖化で食べられなくなるかもしれない食品」というネットニュースを見て，ノートに書き留めていた。

　普段の生活すべてがネタ探しだと，オンとオフの境目がなくなって四六時中仕事に追われているようで疲れないかと聞かれることもある。決してそんなことはない。締め切りを意識してテーマを探す方が，「面白いテーマを見つけなければ」というプレッシャーから余計に疲れてしまう。普段からストックしているからこそ情報同士がつながり，自分なりの切り口を生み出せる。ただネットの情報をみたり，話題の店を巡り歩いたりしても情報が情報として入ってこない。どのような形でテーマ探しをするにしても，自分の軸と問題意識を持つことが大切だ。　　　　　　（大岩佐和子）

4　アポイントメントの取り方と作法

アポイントメント（appointment）とは，一般的には「約束」「予約」といった意味で，ビジネスシーンでも，会議や面会の約束を取る場合にこの言葉を使う。記者が企業の経営者らにインタビューをするとき，「日時と場所を決める」ことを「アポイントメントを取る（入れる）」と表現する。アポイントメントなしの訪問では，相手が不在や会議中というケースが多いし，そもそも失礼だ。しっかりアポイントメントを取ってから面会するように心がけてほしい。

取材依頼にはいくつかパターンがある。中小，ベンチャー企業などは社長や役員が自ら対応することもあるが，ある程度規模が大きくなると，多くの場合，取材の窓口となる部署（広報部など）を設けている。「広報」とはその企業の活動内容や商品の情報発信を行ったり，記者会見を取り仕切ったりしている。一般的に，記者はまず，広報担当者に取材の目的や対象者（社長や役員，取材対象となる事業の責任者ら），掲載予定媒体などを伝える。文章作成ソフト（Wordなど）を使って取材依頼書を作ることもある。

こうした広報担当者とのやり取りは，2000年ごろまでは，主に電話やファクスだったが，言い間違い，聞き違いがあったり，ファクスが「届かない」と言われて再送したりといったトラブルもあった。しかし，現在はメールが主流だ。ただ，相手のメールアドレスが分からない場合には，電話等で復唱しながら正確に聞き取ることが大事。メルアドを間違うと，エラーになったり，誤送信につながったりするので注意が必要だ。初めて送信する相手の場合は，一度電話をして取材の趣旨を伝えたうえで，メール送信した方がより丁寧だろう。

企業側は記者から提供された情報を元に取材の可否を判断する。段取りをスムーズに進め，のちのトラブルを避けるためにも，取材目的などは，相手に誤解を与えないよう，しっかり伝えよう。　　　　　　　　　（滝沢英人）

5　取材先との信頼関係

　戦後のドイツ政治を支えた主要政党は長くロシアに融和的な姿勢で臨んできた。ロシアの本質を見誤り，武力による対峙より，対話と経済交流による接近を志向したのである。中道左派のドイツ社会民主党（SPD）は「東方政策（Ostpolitik）」という名の共産圏融和策を講じ，ソ連（ロシア）に接近した。独裁国家と深い関係を築いてしまった責任があるのではないか。そう考えた筆者はSPD出身のショルツ首相に会った際，こう問いかけた。「あなたの政党の外交政策は間違っていたのではないですか」。

　保守政党キリスト教民主同盟（CDU）も警戒心が緩んでいた。ウルフ大統領（国家元首）は2010年に大規模な経済使節団を引き連れてモスクワを訪問した。ロシアによるウクライナ全面侵略後のインタビューで筆者は聞いた。「当時のロシア訪問は失策だったのではないですか」。

　時には権力者に厳しい質問をぶつけるジャーナリスト。ドイツ語には「Belastbare Beziehungen（負担に耐える関係）」という言葉がある。民主主義のもとでは，さまざまな意見がある。仮に批判の応酬になっても感情を害さず，交流を保てる関係を意味する。協調性が優先しがちな日本と異なり，ストレートな本音トークを好むドイツでは取材先とジャーナリストも，そうした人間関係を重んじる。

　ジャーナリストとして取材先から本音を引き出し，読者に伝えるには揺るぎない正義感がいる。そのうえで批判的な質問を投げかけたとしても壊れることのない信頼関係をどう築くのか。筆者は2つの点を意識する。「徹底した事前勉強」と「表に出ない取材」である。ドイツの政治家と議論するには，自らもドイツ政治を知らないといけない。そうでないと深層心理がわからないのではないか。そう考えた筆者はドイツ政治に正面から向き合うことにした。

　ジャーナリストとして働きつつ，ドイツ政治の研究で知られるベルリン自由大学の門を叩き，戦後ドイツ史の権威とされるクラウス・シュレーダー教授に師事した。大学院で政治学と戦後ドイツ史を学び，戦後ドイツの

公文書を片っ端から読んだ。時にはドイツ連邦公文書館などに開示請求を行い，80万ページを超える書類を読破した。

ドイツの名門大学においてドイツ政治の研究で修士号および博士号を取得したことは「ドイツ政治に正面から向き合った」ことを対外的に証明することにつながり，ドイツの政治家のアポイントが取りやすくなった。それをてこに多くの政治家とオフレコ（記事にしないことが前提の取材）で会合を重ねた。冒頭に挙げたショルツ氏，ウルフ氏ともインタビューの前に何度もオフレコで会っている。

時には愚痴や野望を含めた本音を聞くことがある。東西ドイツの再統一や南欧の債務危機に対処したショイブレ元財務相とはワインを片手に議論し，東ドイツの閣僚評議会議長（首相）だったモドロウ氏とはランチを囲んで共産主義の是非を話し合った。

持続可能で多様性にあふれる社会にするため，ジャーナリストとして何ができるのか。高い目標を掲げ，プロ意識をもって取り組むということがベースになる。みなさんが進むすべての職業に共通するのではないだろうか。

（赤川省吾）

6　取材で集める情報と取捨選択の方法

環境科学を学んでいた大学生の頃，厚紙の小さなカードに情報を1つずつ書き込む「KJ法」をリポート作成の時に使っていた。新聞社に就職して継続してこの方法も使えるかなと試していたが，半年もたたずにやめてしまった。日々の発表をすぐに記事にしなければいけないスピード感と，配布されるリリースや資料，探し当てた本や雑誌などの情報も新聞に掲載するときには極めて凝縮した一部だけに限られてしまい，大学のリポートと新聞記事の作成は同じように見えても全く違う作業だと感じたからだ。

新聞記事を書き続けていくためには，テーマは広く内容は深いほどよい。しかしこれは人によって基準が非常に異なる。「知の巨人」と呼ばれた評論家の立花隆は地下1階，地上3階の事務所に10万冊を超える蔵書があっ

たといわれるが，これだけの情報をかみ砕いて理解し執筆に生かせる能力
は，誰にも備わっているわけではない。

　デジタルでデータ収集が簡単になり，保存も膨大にできるようになった。
しかし個人的に，紙にして赤線を引いたり付箋を貼ったりして読まないと，
有用な情報や参考になる考え方などが記憶に残らない。このため連載や大
きな企画に取り組むときは，そのテーマに応じた専用のファイリングがど
うしても必要になる。資料の一部はファイルとパソコンの両方に保存され
るという重複が起きてしまう。デジタルネーティブではない世代にとって
情報整理の課題でもある。

　ネットを通じて入手できる情報ならば保存しなくても構わない。しかし
デジタルデータがない古い学会の予稿集で思い入れのある場合はそうはい
かない。研究者のサインを記してもらった論文や著書なども記念としてど
んどんたまっていく。机の下の段ボール箱にたまった資料を見つめると，
著名な片付けコンサルタントの言う「ときめき」をキーワードに，不要に
なった資料を整理しなければと気になってしまう。　　　　　　（永田好生）

7　企業・経営者の「不都合な真実」の探り方

　取材をしていると，取材対象との距離の取り方に葛藤を覚えることがあ
る。記者の世界では「食い込む」などと表現するが，誰よりも取材対象と
太い関係性を築くことが求められる。ニュースをどこよりも早く正確で詳
細に，手厚く読者に届ける助けになるためだ。しかし，取材対象者と限り
なく近づくことでクオリティーや精度の高い情報がとれるかというと，そ
う簡単ではない。メディアと取材対象者の関係性は緊張感をはらむことも
多くある。相手が企業の場合，「広告」とは違って「報道」はときとして
批判的な角度から記事を書く必要があるためだ。

　相手から信頼を置かれつつも，癒着せず批判精神をもって客観的に報道
することは難易度が高い。企業側が期待するものと，記者が書こうとして
いるものが対立することもままある。いわゆる「不都合な」案件である。

その場合にどうするか。読者に資するニュースであれば，やはり裏をとって報道する必要があると思う。

　案件の切迫度にもよるが，ファクトに迫る方法として周辺の関係者にあたることがひとつの手法。具体的には，取引先や競合他社，資金を貸し付けている金融機関，大株主などだ。同じ事象について利害の異なる複数の関係者が何と言っているのかをつぶさに聞くことは有用な手掛かりになり，客観的な事実を浮かび上がらせる。

　とはいえ，多くの関係者にむやみに接触すると，記者が追っていることが広まってしまうこともあり慎重に動く必要がある。私自身，世間の注目を集めていたとある企業の社長が誰になるのかを取材している際に，自社が発表する前に報道されるのを嫌ったキーパーソンから「もし報道したら，それが正解だったとしても別の人物を社長にする」とスクープをけん制された経験もあり，なかなか一筋縄にはいかないのも事実。正解はないが，優秀な記者は「あの記者なら仕方ないな」と相手に思わせるような信頼感を地道に築いていくことがカギになると思う。　　　　　　　　（杉本晶子）

8　会議は無駄？

　「事件は会議室で起きているんじゃない，現場で起きているんだ！」。かつて大ヒットした映画「踊る大捜査線」で主人公の刑事が叫ぶセリフは，サラリーマン社会を切り取った言葉として有名だ。当然，偉い人が集まる会議は時間ばかりかかり，素早い判断が必要な現場には迷惑なものだという否定的な意味だ。

　日々のニュースを決める新聞社の編集会議は出席者には胃が痛い真剣勝負の場だ。現場の記者にとって上司にあたるデスクが出席する。そのデスクがより上位の人から「これ，どうなの？」と問われ，瞬時に答えられなければならない。記者時代，デスクが記事をスクラップしているのをみて，「勉強しているんだ」と思ったが当然である。記者を上回る知識がないと会議の議論に加われないからだ。

企画会議も同様だ。現場の記者にとっては当日までに提案を出すのが記事化の第一歩となる。また，日経流通新聞が日経 MJ に改称したときの会議は提案を出すのが楽しかった。魅力的な企画に変化したからだ。自分の提案がよかったわけではない。当時の編集長は自分の引き出しに豊富なアイデアがあり，記者の提案に別の切り口を提示することで，全く違う企画に昇華させていたのだ。記者には提案が優れていたと思い込ませ，気持ちよく仕事をさせる。今の自分には，とてもまねできないと痛感する。

　もちろん編集会議にも時間の無駄と思えるものはある。さらに「踊る大捜査線」に出てくるような会議は取材の中で幾度も目にしてきた。デジタルトランスフォーメーション（DX）の時代に徐々に減っているだろうが，無くなるものではないだろう。開くことに意味がある会議もあるからだ。無駄と決めつけず，開く意味を考えてみてはどうだろうか。それでも無駄と思ったら，上司に疑問をぶつけてみる。若手の一言が周囲を動かし改善につながるかもしれない。現実社会は叫ぶより提案。とはいえ，それでも叫びたい時があるから名ゼリフなのだろう。　　　　　　　　　　　　（浅山章）

9　日経電子版の機能「Think!」の活用法

　日経電子版のトップページの記事の中には，青い背景に白字のマーク「Think!」がついているものもある。これは，エキスパートと呼ぶ各界の第一線で活躍する専門家や日本経済新聞の編集委員のべ約200人による300字以内での解説や分析・考察，今後の展望などの投稿がついていることを示している。

　専門家の多様な見方や意見と併せて記事を読むことで，ニュースの理解を深め，新たな気づきを発見し，深く考えるきっかけになるだろう。そういった狙いで，2020年12月に始まった。

　「Think!」の醍醐味の１つは，記事に対する別の視点や，時にはエキスパート同士で対立した見解を読むことができる点にある。私が担当した第１章では，課題の発見や解決のためには問題の本質を理解する必要がある

と記した。さらに，フィルターバブルやエコーチェンバーといったネット特有の情報の偏りにも触れた。問題の本質を考えたり，情報の偏りを正したりするための「多様な視点」に気づくことが，「Think!」では可能だ。

　例えば，2023年10月24日10時10分に日経電子版に配信された記事「日本のGDP，ドイツに抜かれ世界４位に　IMF予測」に，日経の滝田洋一・特任編集委員が「ひとこと解説」を投稿している。見出しを読むと「ドイツすごい！」と思うかもしれないが，滝田氏は，

①　ドイツに抜かれ４位転落。記事は日本に奮起を促す意味はあるでしょう。でも３位に浮上したドイツを称賛したら，ドイツの人たちがどんな表情を見せるでしょうか。

②　IMFによる23年の実質成長率予測は，自国通貨ベースだと日本の＋2.0％に対して，ドイツは▲0.5％です。日本はデフレ脱却を背景に上方修正された一方，ドイツは「欧州の病人」とまでいわれています。

③　ロシアへのエネルギー依存の裏目，中国への貿易依存の反動，金融引き締めに伴う不況下のユーロ高。かつての日本のような六重苦の逆風に見舞われ，産業の空洞化が懸念されています。

④　そんな実態と記事にある名目のドルベース換算値は，乖離していないでしょうか。

と記している。「ドイツ経済も決して安泰ではない」ことに気づくだろう。さらに「日本経済がドイツよりも悪いとなると，いったい何が課題なのか」と考えを巡らすきっかけにもなる。

　とかく「難しい」と言われる日本経済新聞の記事だが，日々の注目ニュースの理解に「Think!」を役立ててほしい。　　　　　　　　（木村恭子）

10　日経電子版でSDGsに迫る

　大学生が新聞社の提供する電子版/デジタルを，SDGs関連の学修に活用しないとしたら，それは大きな間違いである。

　日本経済新聞社は，膨大な情報を多様なチャネルを通じて読者に届けて

いる。その一つが日経電子版であり，毎日1000を超える記事が配信されているという。検索機能を使うとSDGsに関する情報を効率的に収集でき，保存機能を用いて自分だけの記事データベースを構築できる。

　データを駆使した「調査報道」のコーナーは，読者に新鮮な視点や知見を提供する。筆者が興味深く読んだSDGs関連の記事は，「太陽光発電2割に土砂災害リスク　審査・監視追いつかず　ソーラーの死角」（2023年7月18日配信）である。

　動画・番組の配信も急増している。「日経SDGs FESTIVAL」のアーカイブ配信や，「LBSローカルビジネスサテライト」などで数多くのコンテンツを視聴できる。2023年5月21日にライブ中継された報道番組「G7広島サミットが変える世界」には，本書の執筆陣から2名が出演した。

　日経電子版は地域が直面している課題の発見にも威力を発揮する。「朝刊・夕刊」の見出し画面に表示される「地域経済」をクリックするだけで，北海道から沖縄九州まで全国の地域紙面にアクセスできる。「データで読む地域再生」は，各種統計を分析し，様々な課題の解決に取り組む地域の姿に迫るコーナーである。

　パソコンの画面で，日経電子版を紙の新聞と同じレイアウトで読める「紙面ビューアー」を使うと，様々な分野の記事が視界に入る。記事と自分の知識を結びつけて，SDGsに関する新しい切り口を得る機会になる。例えば，ロシアの侵攻によりウクライナの穀物輸出が減少したことを伝える記事と，SDGsの1番目の目標である貧困削減に関する知識を組み合わせることで，戦争の途上国の貧困層へ影響という視点が生まれる。

　課題発見には，多様なチャネルを活用した情報の獲得，そして情報を柔軟に組み合わせてストーリーを構築する構想力が欠かせない。日経電子版はどちらにも活用できる。（本コラムは2023年12月時点の日経電子版掲載情報を基に執筆した）

（高安健一）

注
(1)　加藤秀俊（1975）『取材学―探究の技法』中央公論新社，p. 17。

ポスト2030世代のための読書案内

　この読書案内は，SDGs の目標達成年である2030年前後に社会に巣立つ「ポスト2030世代」のために，本書の執筆陣が作成したものである。半世紀以上にわたり読み継がれてきた本もあれば，インターネットのサイトもある。高校生の進路選択，そして社会人の独学にも活用できる。

　優れた著作との対話は，取材力の涵養に威力を発揮するだろう。

1　大学入学前後に読む本

・飯田高・近藤絢子・砂原庸介・丸山里美編（2023）『世の中を知る，考える，変えていく―高校生からの社会科学講義』有斐閣

編者陣は，法学・経済学・政治学・社会学を専門とする 4 人の大学教員である。読者は，専門領域が異なる研究者が，SDGs に関連する環境，貧困，ジェンダーなどのテーマをどのような視点から分析しているのかを比較できる。

・一橋大学経済学部編（2013）『教養としての経済学―生き抜く力を培うために』有斐閣

経済学部を志望している高校生，そして経済学部の新入生を想定して執筆された教養の書である。経済学が何を目的に，どういった素材を，どのように分析して政策を組み立てているかを，多くの研究者がそれぞれの専門的視点から解説している。個人の能力が社会で開花するには，教養が不可欠であるという。

・江藤祥平他（2022）『大学生活と法学』有斐閣

本書は法律学の入門書であり，日常生活に密着した問題へのアプローチ方法を取り扱っている。SDGs を学ぶうえでも法律の知識は欠かせない。

・初年次教育学会編（2018）『進化する初年次教育』世界思想社

新入生を対象とする初年次教育には多くの目的がある。とりわけ，新入生を学問の道に誘いつつ，卒業後のキャリア選択のイメージを持つ機会を提供することは重要である。アクティブラーニングなどの学生主体の学びを，ライティング能力の向上に結びつけるプログラムに，多くのページが割かれている。

・大学初年次教育研究会編（2020）『大学 1 年生からの社会を見る眼のつくり方』大月書店

新しいタイプの大学 1 年生用の教科書である。情報，政治，ジェンダー，労働といった新入生が知っておくべき事柄が取り上げられている。教員が基本情報を提供したうえで学生に考えさせ，レポート作成へと導く。社会人として生きるために必要な基礎的教養は，学生生活を有意義にするためにも欠かせないという。

・中村寛樹（2019）『はじめてのアントレプレナーシップ論』中央経済社

本書に記されている大学生が実際に作成した起業計画書を見ると，起業という人生の選択は，必ずしも特別な人のものではないことがわかる。アントレプレナーシップ（起業家精神）について「生きがい・なりわい・やりがい」をキーワードに，わかりやすく解説している。

2　発想・思考法

・外山滋比古（1986）『思考の整理学』筑摩書房

累計発行部数が200万部を超えるロングセラーである。発行からもうすぐ

40年になるが，内容はまったく色あせていない。「学校が熱心になればなるほど，また，知識を与えるのに有能であればあるほど，学習者を受け身にする。本当の教育は失敗するという皮肉なことになる。」(pp. 18-19) との指摘は，令和の学校教育のあり方を考える際に，考慮すべき論点である。

・梅棹忠夫 (1969)『知的生産の技術』岩波書店

本格的な情報社会が到来する前に執筆されたにもかかわらず，内容は今なお新鮮である。知的生産は著者がつくった言葉であり，「頭をはたらかせて，なにかあたらしいことがら——情報——を，ひとにわかるかたちで提出すること」(p. 10) を指す。知的生産の技術には王道はないという。トライアンドエラーを繰り返して自分なりの型を見つけるしか手はなさそうである。

・ジェームス・W・ヤング［今井茂雄訳・竹内均解説］(1988)『アイデアのつくり方』阪急コミュニケーションズ

皆さんは大人世代から「若者らしい斬新なアイデアを出して欲しい」と言われて困惑したことはないだろうか？ そのような時に本の帯に60分で読めると書かれている本書が威力を発揮する。アイデアとは既存の要素の組み合わせであることを知るだけで，肩の荷が軽くなるだろう。

・長谷川一英 (2023)『イノベーション創出を実現する「アート思考」の技術』同文舘出版

アーティストの作品創造プロセスをビジネスに活用する「アート思考」をもとに，独自の５つのステップで課題発見や解決への糸口を探る。

・ジャスパー・ウ著・見崎大悟監修 (2019)『実践スタンフォード式デザイン思考—世界一クリエイティブな問題解決』インプレス

問題の解決法を設計することを示す「デザイン」の考え方の本場，米スタンフォード大学で学んだ筆者が，その手法を具体例とともに説明する。

・ハンス・ロスリング，オーラ・ロスリング，アンナ・ロスリング・ロン
　ランド［上杉周作・関美和訳］（2019）『FACTFULNESS（ファクトフ
　ルネス）—10の思い込みを乗り越え，データを基に世界を正しく見る習
　慣』日経 BP

本書はいきなりクイズから始まる。貧困や気候変動，平均寿命，人口分布
など，世界や地域を象徴するさまざまなデータについて私たちが「思い込
み」にいかに支配されているかを，著者は統計的な見地からあざやかに活
写。事実に基づいて（ファクトフルに）世界を見ることは情報過多の現代
にこそ必要なリテラシーで，一読をおすすめしたい。

・カトリーン・キラス＝マルサル［山本真麻訳］（2023）『これまでの経済
　で無視されてきた数々のアイデアの話—イノベーションとジェンダー』
　河出書房新社

スーツケースに車輪が標準装備されたのはたった50年前だったことと，
100年前に発明されていたのに米テスラの登場まで電気自動車（EV）が表
舞台から忘れ去られていたことにはある共通の背景があった，と聞いてそ
の答えがわかるだろうか。著者の女性ジャーナリストは膨大な文献や論文
からイノベーションにまつわる知られざるストーリーの数々を発掘。「ア
ンコンシャス・バイアス（無意識の偏見）」と発明との思わぬ関係性はぐい
ぐい読ませる。

・山極寿一（2020）『スマホを捨てたい子どもたち—野生に学ぶ「未知の
　時代」の生き方』ポプラ社

著者はゴリラ研究の泰斗で，元京都大学総長。スマートフォンや SNS が
世界的に普及し利便性は増したものの，デジタルネーティブなはずの若者
の間でもスマホ中心の世の中への違和感が広がっていることに着目。類人
猿の生態との比較から「人間らしさ」とはなにかを解き明かし，IT や AI
という現代のジャングルを生き抜くための処方箋を提示する。

3　情報との付き合い方

・菅谷明子（2000）『メディア・リテラシー―世界の現場から』岩波書店
世界各国でのメディア・リテラシー教育の現場やメディアを監視する市民
団体の活動のレポート。

・エリオット・ヒギンズ［安原和見訳］（2022）「ベリングキャット―デジ
　　タルハンター，国家の嘘を暴く」筑摩書房
豊富なデジタル知識を武器に時に捜査当局を凌ぐ調査能力を持つ調査集団
ベリングキャット。フェイクニュースを潰し権威主義国家の秘密を暴いて
きた実績に圧倒される。

・IRE（2021）「The INVESTIGATIVE REPORTER'S HANDBOOK（6th
　　Edition）」
開示情報が豊富な米国に関するデータを探すガイドブック代わり。政治資
金，ロビー活動，寄付，法人リスト，選挙人名簿，ローンや担保等信じら
れないほど充実したデータが米国では公開されている。情報開示の日米格
差を痛感させられる。

・山口真一（2020）『正義を振りかざす「極端な人」の正体』光文社
ネット世論などに詳しい著者がネット炎上の構図を分析した。

・日本リスクコミュニケーション協会（2023）『SNS でトラブルにあわな
　　いためのワークショップ学習』（https://www.rcij.org/doc/SNS-Risk-
　　Education.pdf）
学生が SNS の利用に際しての注意点や扱い方について学べる教育資料。
無償で利用できる。

・ファクトチェック・イニシアティブ（FIJ）（https://fij.info/）
国際ファクトチェックネットワーク（IFCN）が公開しているファクトチェックの原則に基づいた日本でのガイドラインを作成し公表している。

4 調べる，取材する

・加藤秀俊（1975）『取材学―探究の技法』中央公論新社
取材をタイトルに冠している書籍は意外と少ない。初版から50年近く経った本書は，読者に取材の重要性を改めて気づかせてくれる。副題の「探究」は今や学校教育のキーワードである（本書の副題にも使っている）。探究活動をより実りあるものにするために，取材学を学び取材力を高める必要があろう。

・中嶌洋（2015）『初学者のための質的研究26の教え』医学書院
著者は，「質的調査（定性的調査）とは，個別性や特殊性を重視し，インタビュー調査結果や文書資料など，テキストや文章が中心となっている質的データを収集し，そのデータにみられる語り手や記録者の思想・考え方・哲学・信条などをくみ取ることである。」（p. 14）と定義する。質的調査と取材は重なる部分が多い。

・グラント・マクラッケン［寺﨑新一郎訳］（2022）『インタビュー調査法の基礎―ロングインタビューの理論と実践』千倉書房
ロングインタビューは質的リサーチ法の一つである。社会科学的なリサーチは，研究対象となる当事者たちの信念や経験をより明確に理解することで，その質は改善されるとする（pp. 2-3）。ロングインタビューを実施するうえでの重要な課題を提示したうえで，実施のための4つのステップが示されている。

・古賀史健（2021）『取材・執筆・推敲─書く人の教科書』ダイヤモンド社

ライターのための教科書である。ライターとは書く人である以前に，エンターテインの精神が流れているコンテンツをつくる人（クリエーター）であるという。編集者の最も大切な仕事は，誰が（人），何を（テーマ）を，どう語るか（スタイル）のパッケージを設計することである。

・井藤元監修・毎日新聞社編（2020）『記者トレ─新聞記者に学ぶ観る力，聴く力，伝える力』日本能率協会マネジメントセンター

本書は，文章を書くプロである新聞記者の技を必勝パターンとして定式化したうえで，読者が順を追って身に付けることをミッションとして企画された。36人の記者へのインタビューを基に，日常業務を基本姿勢，取材時，原稿執筆時に分けたうえで，45項目に落とし込んだ。取材で何よりも必要なのは，「生きた相手」から「生きた情報」を引き出す力であるという（p. 33）。

・小林昌樹（2022）『調べる技術─国会図書館秘伝のレファレンス・チップス』皓星社

専門分野のリサーチに関する指南書は多い。一方で，一回限りのチェック作業であるレファレンス（参照）に特化した実務マニュアルはほとんどないという。本書では，国立国会図書館で長年レファレンス業務に従事した著者が，学際的なこと，未知の事柄，その他の事項について調べるスキルを惜しげもなく開陳している。

・熊田安伸（2022）『記者のためのオープンデータ活用ハンドブック』新聞通信調査会

タイトルは「記者のための」となっているが，分析可能なデータのカタログになっている。なにか調査する前に想像力を膨らませるのに最適。

・新聞労連ジェンダー表現ガイドブック編集チーム（2022）『失敗しない
　ためのジェンダー表現ガイドブック』小学館

アンコンシャス・バイアスやマイクロアグレッション（無意識の偏見や抑
圧）を耳にしたことがあるかと思う。無意識のうちに不適切な表現を使っ
てしまうリスクを，誰もが抱えている。新聞記者らが「美しすぎる市議」
という表現がだめな理由を丁寧に解説する。

・日本経済新聞社地域報道センター編（2022）『データで読む地域再生—
　「強い県・強い市町村」の秘密を探る』日本経済新聞出版

日本経済新聞社の記者が62の指標と現場での取材により，地域経済の強さ
と再生への動きを活写している。全国に支局を展開している強みを活かし
た企画である。データを駆使して地域特性を把握することが，適切な課題
発見に欠かせないことを学ぶことができる。

・朝日新聞社（2022）「特集 I　調査報道の未来」『Journalism』7月号
　No. 386, pp. 4-33

ニューヨーク・タイムズのオープンソース調査担当者へのインタビューを
交えて，調査報道の未来を展望している。ICT の発達によりオープンソ
ースの情報入手が容易になるなか，調査報道のあり方や手法が大きく変化
しているという。

・マーク・リー・ハンター編著［髙嶺朝一・髙嶺朝太訳］（2016）『調査報
　道実践マニュアル—仮説・検証，ストーリーによる構成法』旬報社

タイトルの通り，調査報道を実践するためのマニュアルである。調査報道
ジャーナリズムが通常のジャーナリズムと異なる点が，リサーチと情報源
関連などの視点から整理されている。証拠の裏付けがある仮説に基づいて
調査や検証を進めることで「秘密」を明らかにできる可能性を指摘してい
る点が興味深い。

5　SDGs を知る

・蟹江憲史（2020）『SDGs（持続可能な開発目標）』中央公論新社

SDGs に興味をもったら真っ先に読むべき本である。SDGs 研究の第一人者が，その成り立ちと社会的な意義について解説したうえで，企業，自治体の取り組みを詳述する。SDGs の存在意義について，「世界のすべての国が目指している目標があるということは，そのこと自体が希望の灯でもあり，人類の共通価値が映し出される鏡でもある。」（p. 256）と整理している。

・南博・稲場雅紀（2020）『SDGs―危機の時代の羅針盤』岩波書店

SDGs の策定に携わった日本政府交渉官と NGO 代表による，SDGs 概説書。

・武蔵野大学教養教育部会編著（2023）『SDGs の基礎―みずから学ぶ世界の課題』武蔵野大学出版会

武蔵野大学の知的資産を動員して編集された17の目標を網羅した初年次教育用テキストである。本書とあわせて読んでいただくと，SDGs をより広い視点から知ることができる。

・斎藤幸平（2020）『人新世の「資本論」』集英社

環境危機を招いた原因は，際限なき利潤追求を続けてきた資本主義にあると指摘する。気鋭の経済学者が経済の根本原理の見直しを説いている。

・有馬純（2015）『地球温暖化交渉の真実―国益をかけた経済戦争』中央公論新社

官僚として気候変動の国際交渉に携わった著者が，温暖化は環境問題にとどまらず経済の覇権争いであると説く。

・宇沢弘文（2000）『社会的共通資本』岩波書店

SDGs の本質に通じる社会的共通資本の考え方や役割が記されている。「一般に，経済発展が持続可能であるというのは，自然の状態が年々一定水準に保たれ，自然資源の利用は一定のパターンのもとにおこなわれ，しかも，消費，生活のパターンが動的な観点からみて最適，かつ世代間を通じて公平な経路を形成しているときであると定義される」（p. 221）を踏まえ，実践に生かそう。

・広井良典（2019）『人口減少社会のデザイン』東洋経済新報社

日本は人口減少ペースが加速するなかで，SDGs の達成や2050年のカーボンニュートラルの実現を目指している。著者は，「経済成長がすべての問題を解決してくれる」という思考様式では日本社会の持続可能性は維持できないとの問題意識に基づき，個人の創発性に軸足をおいた社会への転換を提唱する。

・河口真理子（2020）『SDGs で「変わる経済」と「新たな暮らし」―
　　2030年を笑顔で迎えるために』生産性出版

長年にわたりシンクタンクでサステナビリティ研究に従事しながら提言活動を行ってきた著者が，持続可能な社会を実現するために，暮らしから見直すことを提案する。本当の豊かさを求めるのであれば，環境に今以上の負荷をかけることが難しい以上，心の豊かさを増やすことを意識すべきだと主張する。

6　科学の視点

・佐倉統（2020）『科学とはなにか』講談社

現代社会における科学技術のあり方を現役の東大教授が分かりやすく解説している。

・木村英紀（2009）『ものつくり敗戦―「匠の呪縛」が日本を衰退させる』
　日本経済新聞出版
日本の製造業の弱点について的確に分析している。

・松尾豊（2015）『人工知能は人間を超えるか―ディープラーニングの先
　にあるもの』KADOKAWA
日本の第一人者が第3次ブームを迎えた AI 研究の背景を紹介している。

・ウォルター・アイザックソン著［西村美佐子・野中香方子訳］（2022）
　『コード・ブレーカー―生命科学革命と人類の未来（上下巻）』文藝春秋
ゲノム編集技術の開発者，ジェニファー・ダウドナ博士の生い立ちや研究
の経歴などを克明に描いている。

おわりに

10年ほど前に，指定校推薦入試の面接官を担当した。全国から集まった20人の受験生に「あなたが注目している経済ニュースは何ですか？」と尋ねた。すると全員が自由貿易を推進する枠組みである「TPP（環太平洋経済連携協定）です！」と即答した。一人を除き，日本の農業を守るためにTPPに反対していることを教えてくれた。事前の取材なしに面接会場にやってきた受験生は，マニュアルに記されていたことを自分の意見として披露したのであろう。

近年，面接の様子は変わりつつある。受験生は興味のあるテーマについて，時にはSDGs要素を交えながら自説を展開する。高等学校でも大学と同様に，生徒が自ら課題を設定し，情報を収集し，整理・分析したうえで，まとめ・表現するサイクルが形成されつつあるように思える。

むしろ，課題を発見して解決する能力を身につけなければならないのは，SDGsに掲げられている問題の原因を作ってきた大人世代ではないか。この世代には，地球を持続可能な状態で次世代に引き継ぐ責務がある。我々が組み立てなければならないのは，世代間対立ではなく世代間連携を通じて，SDGsを含む社会問題の解決に資する仕組みである。

学生の多くが就職する民間企業がSDGs達成のカギを握る。2030アジェンダには「民間企業の活動・投資・イノベーションは，生産性及び包摂的な経済成長と雇用創出を生み出していく上での重要な鍵である。」（日本外務省ウエブサイト掲載仮訳）と書かれている。だが，大学で教鞭を執っていて不安に思うことがある。日経SDGs未来講座やPBLで育成した人材が，卒業後昔ながらの会社人間に改造されてしまう恐れはないか。このことが日本におけるSDGsの達成，そして若者と地球の未来を危うくしている

気がしてならない。

　現状に疑問を持ち，課題を見つけ出し，解決に挑戦する人材を育てない限り，SDGsは達成できない。企業としてもそうした人材は，新規ビジネスの立ち上げやリスク管理を含む多分野で必要不可欠であろう。

　多くの方々の理解と協力なしに，本書を世に送り出すことはできなかった。獨協大学での講義に加え執筆の労をとってくださった日本経済新聞社の執筆陣に，心より御礼申し上げる。日経SDGs未来講座を履修した学生にも感謝している。入学後に最初に受けた授業が本講座であった学生が大勢いると聞いた。コロナ禍で遠隔授業対応を迫られた状況下，大学スタッフの献身的な支援のお陰で講座を円滑に運営することができた。日本能率協会マネジメントセンターの東寿浩氏からは，本書の社会的意義を含め貴重な示唆をいただいた。出版スケジュールがタイトななか，俊敏な編集作業に大いに助けられた。

　筆者は本書の出版企画が具体化した2023年夏に，昔々小学6年生の時に新聞委員会の委員長に立候補し，今の学生が知るよしもないガリ版で学校新聞を制作したことを，ふと思い出した。鉄筆の筆圧が弱かったせいで，ほとんど文字を読むことができない新聞が刷り上がってしまった。およそ半世紀の時を経て，記者の皆さんと執筆した本書を鮮明な印字で，読者に届けることができたことは望外の喜びである。若いうちに何かに手を挙げると，その時は成果に結びつかなくとも，いつか花開くことを実感した。

　課題を発見して解決する能力やSDGsに身構える必要はありません。誰かの笑顔を思い浮かべながら，自分の好きなことに邁進すれば，それで十分です。本書が，皆さんの大学での学びやキャリア形成に少しでも役に立つことを心より願っています。

　　　　　　　　　　　　　　　　　　　　　　　　　　高安健一

執筆者紹介 （執筆順）

木村恭子 （きむら・きょうこ） 第1章，課題発見 Tips（日経電子版の機能「Think!」の活用法）

日本経済新聞社編集委員。津田塾大学学芸学部英文学科卒業。筑波大学大学院修了。読売新聞社記者（地方部長野支局，同八王子支局，政治部，世論調査部），米ブルームバーグニュース東京支局記者（財務省，経団連，重工クラブなど担当）などを経て現職。上武大学客員教授，東海大学政治経済学部経済学科教授など歴任。津田塾大学や早稲田大学で非常勤講師。

兼松雄一郎 （かねまつ・ゆういちろう） 第2章

日本経済新聞社編集調査報道グループ記者。新たに入手可能になったデータ（オルタナティブデータ）を使い，気候変動，サプライチェーンなどの分野を調査。著書に『イーロン・マスクの世紀』日本経済新聞出版，共著に『データの世紀』日本経済新聞出版（2019年新聞協会賞受賞の日本経済新聞企画を書籍化）。

杉本晶子 （すぎもと・あきこ） 第3章，課題発見 Tips（企業・経営者の「不都合な真実」の探り方）

日本経済新聞社キャスター。産業部や証券部などを経て，2007〜11年米ニューヨーク駐在。米国駐在時はウォルマートやスターバックスなどグローバル企業，国連を取材。日経 CNBC で上場企業トップを招く生放送番組「トップに聞く」のアンカーを18年から続ける。

高安健一 （たかやす・けんいち） 編者 はじめに 第4章 あとがき，課題発見 Tips（日経電子版で SDGs に迫る）

獨協大学経済学部教授。博士（国際関係論）。専門は開発経済学と東南アジア経済論。同大の日経 SDGs 未来講座コーディネーター，SDGs 推進連絡会アドバイザー。著書に『半径3キロの PBL—埼玉県草加市で挑んだ SDGs 地域連携の記録』幻冬舎ルネッサンス新書など。第17回アジア・太平洋賞特別賞受賞。

久保田啓介（くぼた・けいすけ）第5章

日本経済新聞社編集委員。30年以上にわたり科学技術を担当し，地球環境問題では国連の気候変動枠組み条約や生物多様性条約の締約国会議，環境科学，企業の取り組みなどを取材してきた。人と防災未来センター（神戸市）のリサーチフェローも務める。

永田好生（ながた・よしお）第6章，課題発見Tips（取材で集める情報と取捨選択の方法）

1983年日本経済新聞社入社。大阪経済部や科学技術部，産業部などを経て2020年からビジネス報道ユニット・サイエンスチーム兼総合解説センターのシニアライター。「日経ナノビジネス」編集長，科学技術部編集委員などを務めた。

滝沢英人（たきざわ・ひでひと）第7章，課題発見Tips（アポイントメントの取り方と作法）

日本経済新聞社編集総合解説センター企画委員。産業部，流通経済部で小売り，外食，観光などの業界取材，岐阜支局で地方取材を経験。専門分野はマーケティング，地域活性化（地域創生），観光。2021〜23年に東洋大学，2022年から一橋大学で非常勤講師。

三好博司（みよし・ひろし）第7章，課題発見Tips（読者の存在を意識することの大切さ）

日本経済新聞社編集総合解説センター企画委員。東京社会部で記者生活を始める。前橋支局，産業部，企業報道部デスクなどを担当。地域経済，企業・産業動向などの取材に携わる。新聞の価値を事業化する大学との連携講座や女性活躍支援事業も企画・運営。

大岩佐和子（おおいわ・さわこ）第8章，課題発見Tips（取材テーマの見つけ方）

日本経済新聞社編集委員。1996年に入社し，流通業を5年間取材した後，地方行政の担当に。2013年から再び流通業を取材。日経MJデスクを経て，2018年4月より編集委員兼論説委員，現在は編集委員。同志社大学嘱託講師。

吉田忠則（よしだ・ただのり）第9章，課題発見Tips（インターネット時代でも変わらない取材の重要性）

日本経済新聞社論説委員兼編集委員。専門は農業。現場取材をもとに農業の抱える課題とその解決の処方箋を探る。日経電子版で連載「食の進化論」を執筆し，ラジオNIKKEIで「農のミライ」を担当。

天野由輝子（あまの・ゆきこ）第10章

ダイバーシティエディター。2000年日本経済新聞社入社。大阪経済部，地方部などを経て21年から専門エディターに。企業や生活者，東京都政などの取材を通し，働く女性や少子化の問題を考えてきた。人口減少による社会の痛みをいかに減らすかにも関心がある。

谷口誠（たにぐち・まこと）第11章

日本経済新聞社編集局運動グループの記者。現在はスポーツビジネスやラグビー，バスケットボールなどを取材し，スポーツと SDGs の関わりについても記事にしている。過去にはサッカー，野球なども取材した。1978年，滋賀県生まれ。

毛利靖子（もうり・やすこ）12章

日本経済新聞社シニアライター。資本市場や企業財務，企業法務の取材に従事した後，シカゴ支局長として世界の取引所の合従連衡やエネルギー市場，ESG投資に関する知見を得た。最近は資源循環と環境金融の取材に打ち込んでいる。

浅山章（あさやま・しょう）第13章，課題発見 Tips（会議は無駄？）

日経グローカル編集長。熊本県生まれ。岡山大学法学部卒，日本経済新聞社入社。製造業やサービス業など企業取材に携わり，静岡支局で地域報道を志向。日経グローカル研究員，地方部デスク，山形支局長を経て現職。

赤川省吾（あかがわ・しょうご）第14章，課題発見 Tips（取材先との信頼関係）

日本経済新聞社欧州総局長（ロンドン駐在），ベルリン自由大学非常勤講師。慶應義塾大学経済学部卒，政治学博士（ベルリン自由大学）。欧州全域の政治・経済・文化に精通し，欧州の政治家やセントラルバンカーに幅広い人脈を持つ。近著に『Die Japanpolitik der DDR 1949 bis 1989』（単著，Peter Lang），『金融の世界現代史』（共著，一色出版）。

（所属は2024年 3 月現在）

大学生のための世界の課題発見講座

SDGs を通じて未来を探究する14講

2024年 4 月30日　初版第 1 刷発行

共編著者 ——— 高安健一／日本経済新聞社

　　　　　　　© 2024 Kenichi Takayasu, Nikkei Inc.

発 行 者 ——— 張 士洛

発 行 所 ——— 日本能率協会マネジメントセンター

〒103-6009 東京都中央区日本橋2-7-1 東京日本橋タワー
TEL 03（6362）4339（編集）/03（6362）4558（販売）
FAX 03（3272）8127（編集・販売）
https://www.jmam.co.jp/

装　　　丁 ——— 冨澤崇（EBranch）
本 文 D T P ——— 創栄図書印刷株式会社
印刷・製本 ——— 三松堂株式会社

ISBN 978-4-8005-9205-7 C3036
落丁・乱丁はおとりかえします。
PRINTED IN JAPAN